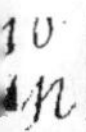

ALBERT BRASSEUR

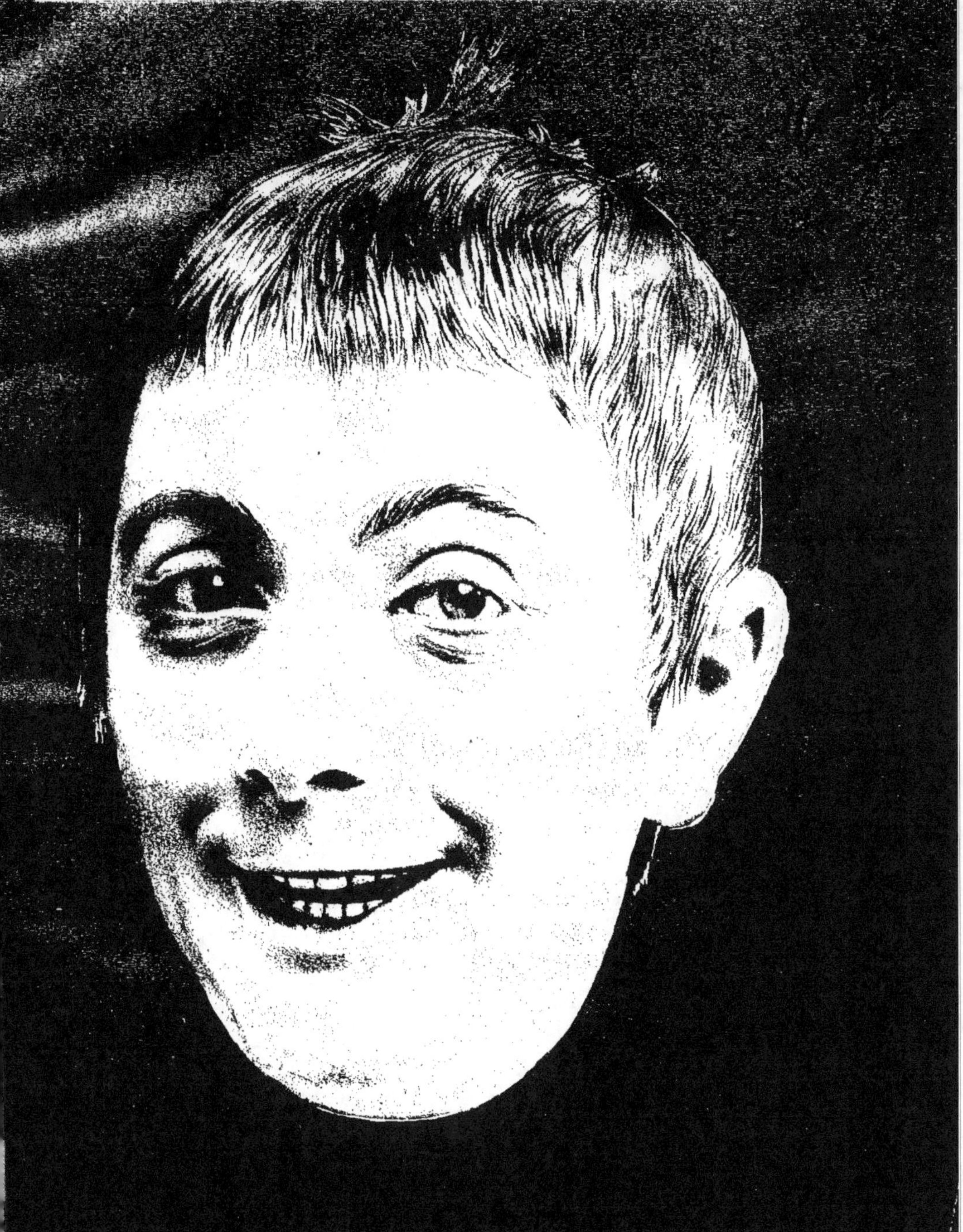

Albert

BRASSEUR

ALBERT BRASSEUR

D'après un croquis-charge de C. Léandre.

ACTEURS ET ACTRICES D'AUJOURD'HUI

Albert BRASSEUR

par

Auguste GERMAIN

PARIS

F. JUVEN, Éditeur

10, rue Saint-Joseph, 10

Albert
BRASSEUR

I

Le Rire au Théâtre

Parmi les artistes comiques de ce temps, M. Albert Brasseur est un des premiers. Il continue, à sa façon, la tradition des Volange, des Tiercelin, des Perlet, des Alcide Tousez, des Brunet, des Levassor, et enfin — comme rien ne vaut mieux que de se recommander de sa propre famille — des Brasseur.

Le comique est d'ordre si varié, que lorsqu'on se risque à en parler, il serait loisible d'écrire sur ce sujet des volumes. Un nom vient tout de suite sous la plume, que vous devinez déjà ; c'est celui de Molière. Nous pourrions, comme tout le monde, vous servir à ce propos quelques digressions savantes et d'autant plus érudites que nous n'aurions qu'à puiser dans les trois mille et une critiques que le théâtre de cet auteur admirable a provoquées. Critiques d'autant plus extra-ordinaires parfois qu'on a prêté à Molière des idées si diverses sur l'interprétation de ses personnages, que l'auteur du *Bourgeois gentilhomme*, s'il revenait sur cette planète, serait le premier à être pris d'un fou rire. Rappelez-vous les différentes façons dont les artistes ont compris le rôle de Tartufe. Non seulement les critiques ont donné là-dessus chacun leur opinion, mais tout comédien ayant joué Tartufe a jugé nécessaire de dire de quelle manière il comprenait le personnage, ce qu'il y voyait ; et comme cela ne suffisait pas, certains artistes ont publié des opuscules destinés, afin que la postérité n'en ignorât, à fixer leurs pensées.

Nous pourrions donc disserter longuement sur le comique de Molière, de

Beaumarchais, et même, par un retour offensif en arrière, sur celui de Regnard, jusqu'au moment où, voulant éblouir tout à fait nos lecteurs, nous tirerions des feux d'artifice en parlant des farces italiennes.

Notre rôle sera plus modeste.

Nous essaierons d'abord de montrer comment un auteur provoque le rire :

Par la gaieté naturelle, qualité qui ne s'acquiert jamais, qui vient du bon fonctionnement de l'estomac, de l'équilibre de toutes les facultés, qualité qu'il ne faut pas confondre avec l'humour, d'espèce plus réfléchie et qui contient toujours une certaine part d'amertume.

Par le spectacle de la bêtise. Supposons, en effet, un individu qui reçoit par surprise une volée de coups de bâton : certains saisiraient tout de suite leur canne et répondraient du tac au tac. Mais l'individu en question sait que si on le frappe, c'est parce qu'on le prend pour un autre. Il trouve la méprise amusante ; et tandis qu'il est ainsi rossé, il s'écrie, en désignant ceux qui lui tombaient dessus à bras raccourcis : « Ah ! ah ! la tête qu'ils feront tout à l'heure, quand ils apprendront qu'ils se sont trompés ! »

La naïveté, la crédulité, poussées à l'extrême, ne sont pas moins fécondes en sources de rire.

Le type de Jocrisse en est l'exemple vivant. Si nous nous bornons à parler de la naïveté, sans évoquer maintenant une seule repartie de Jocrisse, rapportons seulement l'anecdote qui suit :

Un brave boutiquier est sur le point de mourir. Autour de lui sont agenouillés ses commis et sa femme.

Quelques instants avant de rendre le dernier soupir, le commerçant retrouve un reste d'énergie qui le fait se redresser sur l'oreiller.

Il appelle sa femme :

— Chérie ?

— Mon ami.

— Je vais mourir. J'ai une dernière grâce à t'adresser.

— Laquelle ?

D'une voix faible, le moribond demande :

— Arthur est là ?

— Oui.

Et elle désigne le premier commis qui, agenouillé, dans une affliction profonde, se tient près du lit, les yeux humides.

— Eh bien, promets-moi, demande le moribond qui ne pense qu'aux intérêts de sa maison, promets-moi, quand je ne serai plus, d'épouser Arthur?

Et la bonne petite femme, naïve, en pleurant, de s'écrier :

— Hélas! mon ami, c'est à quoi je pensais.

La niaiserie, les travers et les ridicules deviennent aussi des sources de comique.

Les recettes, pour provoquer le rire, se bornent-elles là? Il y en a bien d'autres encore. Le trompeur trompé est un type qui toujours amuse le public.

Prenons, par exemple, Robert Macaire. Il propose une partie de cartes au baron dont il doit épouser la fille. Robert Macaire est le roi des filous; il n'en est guère comme lui pour filer la carte et tricher au jeu. La scène s'engage entre lui et le baron :

Robert Macaire, qui prend le baron pour un honnête homme, déclare qu'il joue vingt-cinq louis, avec l'évidente intention d'étonner son adversaire; mais celui-ci riposte :

— Je ne joue jamais moins de mille francs.

La partie s'engage. Aussitôt le baron, qui vient de donner les cartes, retourne le roi et s'écrie :

— Atout, atout, atout et atout.

Jusqu'ici Robert-Macaire ne se doute de rien; il croit simplement à une pure chance de la part de son adversaire ; il se contente de retourner le roi, avec une dextérité consommée de grec, et de faire la vole.

Mais la partie continue. C'est à qui sera le plus filou. Les rois sont retournés à chaque coup; les points se marquent avec une rapidité électrique.

Et le public de se divertir à la vue de ces deux « philosophes » qui essayent de se rouler l'un l'autre, jusqu'au moment où Robert-Macaire arrive à cette conviction qu'il est volé.

Il dit à part: « Singulière manie ! Être riche comme Crésus et tricher au jeu! » Puis, comme il est tout à cette idée, il annonce, avant d'avoir donné les cartes : « Le roi ! »

Le baron le regarde, interloqué :

— Déjà !

Mais l'autre ne se départ pas de son beau flegme.

Il montre le roi :

— Le voilà !

Et il joue atout, atout et atout !

Cette scène est célèbre ; mieux qu'aucune autre, elle montre dans toute sa beauté le trompeur trompé. A chaque reprise, elle met la salle en joie.

Pourquoi? Parce qu'il y a l'étonnement progressif de Robert Macaire. Celui-ci se trouve devant quelqu'un qu'il croyait pouvoir tricher impunément ; mais il rencontre, au point de vue de la filouterie, plus fort que lui. Et rien n'est plus gai et en même temps plus consolant — ce qui renforce encore la gaîté — que le spectacle d'une canaille trouvant son maître.

Mais ce n'est encore là qu'une des mille manifestations du Rire au théâtre. Le personnage qui, très peu savant, se lance en des dissertations philosophiques, qui fait grand étalage de mots trop longs et d'idées qu'il exprime difficilement, devient par cela même comique.

Est-ce tout? Les infirmités et difformités physiques mettent en joie le public ; qui ne manque pas parfois d'une certaine cruauté. Le sourd qui, lorsqu'on lui demande : « Avez-vous froid ? » répond : « Je prendrais bien quelque chose avec », devient comique. Les bossus, les borgnes, amusent le public. Le spectacle de l'ivresse est d'ordre aussi divertissant. Par sa démarche incertaine, par sa trogne ahurie, par ses reparties parfois étonnantes, *in vino veritas*, le pochard a le don de mettre la foule en gaieté. Il est le monsieur qui ne comprend jamais rien, accepte les événements avec une philosophie résignée ; et sans remonter plus loin, nous pouvons donner comme exemple l'acte de G. Courteline joué au Grand-Guignol : *Théodore cherche des allumettes*, qui peut passer comme un des chefs-d'œuvre du genre.

Brunet.

Restent, comme source de gaieté, les méprises et les quiproquos.

La méprise consiste à prendre une chose pour ce qu'elle n'est pas, soit
qu'on la prenne ou qu'on la donne pour une autre, soit qu'on se trompe sur
ses qualités.

L'exemple le plus fameux de méprises au théâtre est celui des *Ménechmes*,
de Plaute, d'où Shakespeare tira sa fameuse pièce des
Méprises. Marivaux a écrit aussi sur un sujet analogue : *La
Méprise*.

Le quiproquo est synonyme de la méprise.

On se rappelle ce quiproquo fameux d'une dame
aussi aristocratique qu'ignorante :

— Que pensez-vous des *Lundis* de Sainte-Beuve ?
lui demandait-on.

Et la dame de répondre :

— Mon Dieu ! le lundi est mon jour de réception
et je n'ai pas voulu changer mes habitudes ni aban-
donner mes lundis pour ceux de M. de Sainte-
Beuve. Ce n'est pas faute d'y avoir été invitée ! On
dit qu'on s'y amuse beaucoup !

Le théâtre ancien n'a guère usé de quiproquos.
Le théâtre moderne en a abusé. Quand le quiproquo naît spontanément, il peut nous divertir ;
mais combien d'auteurs s'en servent avec une maladresse rare ! Ce n'est pas pendant une scène, mais
pendant toute la pièce que dure le quiproquo. Dès le

Alcide Tousez
d'après une lithographie.

début, on prendra pour M. Arthur un personnage qui s'appelle Alfred ; et ce
dernier ira à travers l'action, ahuri, n'y comprenant goutte et ne cherchant
pas à comprendre. A la fin cependant, en une minute, l'auteur dénouera la
situation et M. Alfred saisira ce qu'il aurait pu, s'il avait réfléchi, savoir
dès le commencement. Ce genre de plaisanterie semble devoir passer un peu
de mode, heureusement.

Car, ainsi que l'a indiqué M. Francisque Sarcey, pour faire durer le *quiproquo*
et lui faire rendre tout ce qu'il a de comique dans les développements, l'auteur

est obligé de recourir à la convention et, ce qui est plus malaisé, de la faire accepter par les spectateurs.

Il faut qu'il suspende vingt fois le mot qui éclaircirait l'erreur, le mot que tout le monde dirait en pareil cas, et que son subterfuge pourtant ne soit pas visible, sans quoi l'effet serait complètement manqué. « Cherchez, dit M. Sarcey, dans *L'Avare* la célèbre scène de la cassette : c'est une scène de *quiproquo* qui a été vingt fois, cent fois refaite vous verrez quelle industrie il a fallu à Molière pour qu'elle se prolongeât si longtemps. Vous remarquerez ces mots généraux, pris à dessein, pour qu'ils puissent s'appliquer à la fois à une jeune fille et à une cassette : « Je veux que tu me rendes mon affaire, » dit Harpagon. Est-ce que, dans la vie réelle, il se serait servi de cette expres̄sion? Il eût dit : « Ma cassette » ou plus simplement encore : Mes dix mille écus.

« Et de même, si nous étions dans le vrai, est-ce que ce mot *affaire* n'aurait pas semblé bizarre à Valère pour désigner une jeune fille? Est-ce qu'il n'aurait pas demandé à Harpagon de qui il voulait parler? Et alors, adieu, l'effet, la scène était finie.

« A plus forte raison quand il s'agit d'une pièce tout entière, où sont mêlés quatre ou cinq personnages, et quelquefois plus ; ils tournent autour d'un *quiproquo* qui crève les yeux du public, et il faut qu'ils ne soient jamais à même de se voir et de s'en expliquer. »

On le voit : si le quiproquo existe dans la vie, il n'est pas long à se dénouer; le tort de certains vaudevillistes est de le faire durer trop longtemps au théâtre, si longtemps parfois que le sommeil vient vous fermer les yeux avant que le rideau soit tombé.

II

Les Comiques

Nous n'avons pas voulu remonter très haut dans l'histoire du théâtre comique; nous ferons de même à propos des artistes qui interprètent ce genre de théâtre.

Mais à propos de M. Albert Brasseur, il est permis de tracer en traits rapides les silhouettes de ses devanciers du siècle dernier, et, par la façon dont ces comédiens comprenaient leurs rôles, se grimaient, s'habillaient. par la notation de leurs physionomies et de leurs traits caractéristiques, nous marquerons l'évolution du genre comique ancien pour arriver à celui de nos jours.

Partons du XVIIIe siècle ; voici Volange créant le type de Janot. C'était un comique fin et spirituel. Il eut aussitôt une grande réputation. Il débuta en 1779, sur le théâtre des Variétés-Amusantes, situé au coin de la rue de Lancry et de la rue de Bondy. C'est dans *Les Battus paient l'amende*, de Dorvigny, que notre comédien personnifiait ce Janot qui est resté comme un des types comiques, une figure légendaire. Aussitôt, la Ville et la Cour s'empressent aux Variétés. La mode s'en mêle : les coiffures deviennent à la Janot; les traits de Janot sont peints sur les éventails. On invente, comme le font maintenant les grands restaurants proches des théâtres à succès, un potage à la Janot. Honneur qui mit le comble à la réputation du comédien, il fut mandé à Versailles par la famille royale et vit à la suite de cette visite son visage modelé en biscuit de Sèvres.

Ainsi que tous ceux auxquels il arrive une fortune subite, Volange eut alors son « coup de soleil ». Il quitta la petite salle des Variétés pour s'en aller à la Comédie-Italienne. Ses débuts furent mouvementés; une cabale se forma; d'aucuns, enthousiastes, l'applaudirent; d'autres le sifflèrent. Suivant en cela une tradition qui n'est pas près de disparaître, encore que de bonnes âmes nous prêchent la fraternité, ses nouveaux camarades de la Comédie n'étaient pas sans avoir vis-à-vis de lui quelque jalousie et lui rendaient la vie dure ; finalement, Volange, lassé, revint au boulevard, où le public continua d'aller l'applaudir.

Nous nous étonnons maintenant du train que mènent certains artistes ; nous croyons nouvelles certaines extravagances. Ceci prouve simplement que nous ne lisons guère les mémoires des siècles passés. Janot voulut jouer à la ville les grands seigneurs. Il acheta un château, rendit le pain bénit, eut son banc à l'église, ce qui ne l'empêcha pas, vers la fin de sa vie, — cigale qui avait trop chanté, — de déchanter et de mourir presque dans la misère.

Tiercelin, un artiste du même genre qui vint après lui, était de bonne famille ; il avait des lettres. Quand il voulut entrer au théâtre, ses parents essayèrent de l'en dissuader, il passa outre ; et, phénomène assez curieux, cet homme qui, à la ville, était élégant, affectait des manières raffinées, qui jouait au muscadin, devint au théâtre le créateur de rôles tout à fait populaires, voire grossiers et débraillés. Il incarna les ivrognes, les forts de la Halle, les vieux concierges, les types de la rue dans leurs différentes manifestations, types par lui étudiés curieusement, qu'il rendait avec vérité. Il créa, entre autres pièces,

Levassor.

L'Ogresse ou *La Belle au Bois dormant, Vadé à la Grenouillère;* mais son succès le plus vif fut celui qu'il obtint dans *Le Savetier*, de Préville et Taconnet. Il réalisait, paraît-il, le type idéal du raccommodeur de chaussures. Aussi tous les soirs le public faisait-il bisser ce couplet :

> Tout Paris en est idolâtre,
> Et chez moi, c'est à qui viendra...
> Pour l'honneur de votre théâtre,
> Conservez bien cet homme-là.

Ce couplet, on l'appliquait à Tiercelin.

Celui-ci avait un caractère difficile ; vers la fin de sa vie, il devint résolument misanthrope. Quand il quitta les Variétés, il jura de ne plus jamais passer devant le théâtre. Et il tint parole. Les succès de ses camarades plus jeunes lui inspiraient d'ailleurs de vives jalousies. Cela se passe encore ainsi.

Nous arrivons à Perlet, né à Marseille en 1795, mort à Enghien en 1850. Perlet, qui était fils de comédien, entra au Conservatoire, où il fut reçu par acclamation, devant un jury composé de Talma, Fleury, Baptiste aîné et Lafont. Il débuta au Français, y obtint une réussite brillante; puis il partit pour Londres, joua le vaudeville, où il remporta de vifs succès; la gloire vint avec la fortune. L'artiste quitta Londres pour Bruxelles, et reparut enfin à Paris, au Gymnase, qui venait de vs'ourir, dans *La Maison en loterie*. Jusque-là, Perlet avait « chargé » les rôles, les poussant à l'outrance bouffe. Au Gymnase, son jeu s'affina; il quitta la parodie et la bouffonnerie pour s'affirmer comédien de tenue, au jeu spirituel et fin, amoureux de vérité. Et tout de suite, ne pouvons-nous pas établir un rapprochement entre cet artiste et M. Albert Brasseur, lequel, après ces étourdissants fantoches de revues, s'est montré comédien impeccable dans *Le Nouveau jeu?*

Avec Alcide Tousez, — 1806-1850, — nous voyons comment un artiste

Brasseur père.

peut, au début de sa vie, se leurrer sur la carrière qu'il croit devoir suivre. Tousez tint d'abord pendant un certain temps les emplois de jeunes premiers dramatiques. Il rugit les imprécations des tragédies. Puis, un jour, au théâtre du Mont-Parnasse, il s'essaya dans le répertoire comique; instantanément il fut applaudi. Il avait en effet un masque qui prêtait plus à l'expression de sentiments bouffes qu'à celle de sentiments tragiques. Son visage était grêlé; au milieu de ce visage pointait un long nez, comiquement effilé; ajoutez à cela une démarche dégingandée, des allures grotesques et vous comprendrez

le succès qui accueillit au Palais-Royal l'ex-tragédien. Car outre ces
défauts physiques qui, en l'occasion, étaient autant de qualités, il avait une voix
extraordinairement enrouée; quand il chantait, il écorchait avec puissance les
oreilles des spectateurs. Tousez resta dix-sept années au Palais-Royal et ne joua
pas moins de cent quarante rôles ; il mourut après de longues souffrances et
une terrible agonie, à l'âge de quarante-sept ans; et les vaudevillistes, qui ne
respectent rien, lui firent un couplet de circonstance, couplet qu'ils croyaient
triste et qui se terminait par ces deux vers :

> Aurait-on cru, toi, qui nous fit tant rire,
> Qu'un jour enfin tu nous ferais pleurer !

Ne voyons là que l'intention du poète...

Avec Brunet, de son vrai nom Jean-Joseph Mira, mort en 1851, nous
trouvons là un artiste qui ne joua pas qu'un seul type. Après Baptiste Cadet,
qui avait créé Jocrisse, il reprit le personnage et y excella. Il sut donner une
physionomie particulière aux rôles de *niais;* il sut encore tenir d'une façon
incomparable les rôles à *travestissements.* S'agissait-il de personnifier une
femme, d'être Belle-Belle, Flaméa ou Cendrillon, il savait, par une façon de
se costumer, arriver à donner une illusion parfaite. Il se produisit enfin dans
l'emploi des *grimes;* et sa création de Vautour est restée célèbre. Il excella
à rendre avec esprit les infinies variétés de la Bêtise; il créa ou renouvela
plus de cinq cents rôles. Que diront les artistes d'aujourd'hui qui, lorsqu'ils en
créent une demi-douzaine, en une année, poussent les hauts cris? Après avoir
joué au théâtre de la Cité, Brunet passa à la salle Montansier (Palais-Royal),
puis, après être retourné à la Cité, il devint l'un des fondateurs et des admi-
nistrateurs des Variétés actuelles.

Levassor (1808-1870) fut d'abord commis voyageur. Il débuta aux Nouveautés, n'eut aucun succès et reprit son premier métier. Déjazet s'étant
intéressée à lui, il entra au Palais-Royal, où, caprice de la destinée! il réussit
brillamment. Nous ne citerons pas les nombreuses pièces qu'il interpréta;
rappelons seulement que ce fut lui qui, aux Variétés, créa *Brelan de troupiers,*
pièce dans laquelle il représentait à lui seul trois générations, le grand-père,
le père et le fils, le vieil invalide. le grognard et le conscrit.

Il avait un talent d'imitation rare et il excellait dans les rôles à travestissements. Un soir, à un dîner d'acteurs et d'actrices, il paria avec son camarade Lhéritier de se transformer à un moment donné de telle façon que per-

A Maisons-Laffitte

Jules Brasseur.   Albert Brasseur.   Brasseur père.

sonne ne le reconnaîtrait. Lhéritier tint le pari ; quelques instants après
Levassor s'éclipsa ; puis un garçon de café apparut, qui, tenant en main un pla-

teau chargé de tasses, versa du café sur le gilet de plusieurs convives, cassa des
soucoupes et, finalement, voulut tremper un morceau de sucre dans la tasse
d'une des artistes présentes. Branle-bas et tolle général! Le garçon de café
ôte alors sa perruque et ses favoris et l'on reconnaît Levassor.

Cette habileté à se grimer et à se travestir fut aussi un des principaux
dons de Brasseur père, de son vrai nom Jules Dumont. Son père, qui était
marchand de bois, voulait faire de lui un commerçant. Brasseur, après avoir

fait sa rhétorique à Charlemagne, entra comme commis
gantier au magasin de *La Chaussée d'Antin*. Mais bientôt
il abandonna le commerce des gants pour le théâtre.
En 1847, il débutait au théâtre de Belleville, puis, après
être passé successivement aux Délassement-Comiques et
aux Folies-Dramatiques, il entrait au Palais-Royal, où
il créait le rôle de Machavoine, du *Misanthrope et de
l'Auvergnat*. Tout de suite, il conquit là une des premières places. Et c'est, entre autres créations, les rôles
de Vergeot, dans *Le Célèbre Vergeot*, de sir Muffin, dans
Sur la Terre et sur l'Onde, d'Achille, dans *Le Chapeau
de paille d'Italie*, de Mme Floquet, dans *Le Roman chez
la portière*, de Godefroy, dans *La Perle de la Cannebière*,
de Colladan, dans *La Cagnotte*; et c'est encore, entre cent
autres, *Un Merlan à bonnes fortunes*, *Un feu de che-
minée*, *Voyage autour de ma femme*, *En avant les Chinois!*
La Vie Parisienne, *Le plus heureux des trois*, *Doit-on le
dire? La Mariée du Mardi Gras*, etc.

Albert Brasseur
Officier de réserve.

Non seulement Brasseur fut un grime remarquable,
mais il fut doué d'un don d'imitation rare; il sut encore
représenter à merveille les types grotesques, et il joua les niais, qui tâchent
péniblement d'extraire de leur cerveau quelques rares idées, avec une extraordinaire bouffonnerie.

Nous venons de montrer ce que furent les comiques du siècle passé et
ceux de la première partie de ce siècle. Arrivons aux comiques actuels:

Deux sortes d'artistes comiques peuvent nous divertir. Les uns sont
secs, froids, compassés. Ainsi, Jolly, qui créa d'une manière si spirituelle

Les Surprises du Divorce; ainsi Boisselot, qui est un des meilleurs et des plus
sûrs artistes de ce temps; ainsi Raymond, du Palais-Royal. Pour les marquer

Phot. Nadar

Albert Brasseur, Mily-Meyer, dans *La Cantinière*.

nettement d'un mot, disons qu'ils sont en leur genre des humoristes. Ils ont en
effet des traits correspondant à ceux des clowns anglais. Ils paraissent, ils ont

l'air très sérieux ; leur aspect, de prime abord, ne provoque pas le rire, mais ils ouvrent la bouche et, aussitôt, nous voici en gaieté. Pourquoi ? Parce qu'ils disent sérieusement des choses drôles. Le contraste qui provient de l'impassibilité de leur masque et de la bouffonnerie des paroles qu'ils lancent, nous porte à la joie. Quand toute la salle se tord, eux seuls gardent leur gravité ; ils semblent vivre dans un autre monde ; entre eux et les spectateurs, il y a une barrière infranchissable. Et plus les rires redoubleront, plus grande sera leur impassibilité. D'où leur réussite et leur succès.

Mais il est d'autres artistes qui sont les antithèses vivantes de ces premiers. Dès que ceux-là paraissent, ils ont le don, avec leurs visages, soit réels, soit maquillés, leurs ventres souvent trop gros, leur démarche particulière, de faire rire les spectateurs. Nous avons fait allusion aux clowns anglais ; voici les clowns français, amis de la bouffonnerie, de la fantaisie burlesque qui dégénère quelquefois en simple pochade, en farce outrancière, voire vulgaire. Dès qu'ils sont entrés en scène, un courant de sympathie s'établit entre eux et le public. Ils savent que quoi qu'ils disent, les spectateurs, pour nous servir d'une expression populaire, juste en ce cas, « les prendront à la bonne ». Ils n'ont pas l'air de jouer pour amuser les autres ; ils semblent, en jouant, s'amuser eux-mêmes. La plaisanterie qu'ils essayent réussit ; le public s'esclaffe ; ils sont joyeux comme le public. Dans ce genre de comique, on peut prendre comme type M. Germain, des Nouveautés.

On ne saurait classer M. Albert Brasseur dans l'un de ces genres. Il procède des deux. Voyez-le dans la comédie, dans *Le Nouveau Jeu* pour citer sa création marquante la plus récente. Il a de la finesse, de la tenue et de la retenue ; il procède du clown anglais ; mais qu'il se montre en ses travestissements épiques des revues, c'est le clown français, aux blagues héroïques, folles, outrancières, parfois épileptiques. Il osera tout, et le public, loin de se fâcher, applaudira à ses fantaisies les plus burlesques.

Il a le secret du Rire.

III

Les débuts d'Albert Brasseur

« Comment on devient comédien. » Dans un volume que nous préparons, nous dirons comment sont venus au théâtre un certain nombre d'artistes contemporains ; mais parmi les historiettes que nous raconterons, il en sera peut-être peu d'aussi amusantes que celle qui montre comment Albert Brasseur arriva à paraître en scène.

En ce temps-la, il y a un peu moins de vingt ans, M. Brasseur n'était que « le petit Albert ». Il suivait les cours du lycée Condorcet (alors Fontanes). Que rêvait-il, le jeune Albert ? La guerre, tout simplement. Éclipser Napoléon ? Peut-être. Et aussi Alexandre et même César ? Pourquoi pas ? Il entendait être officier, galoper sur de grands chevaux dans des batailles encore plus grandes que les chevaux, au milieu des canons, des fumées, et tout le tralala des victoires. Voilà comment, étant à Fontanes, il travaillait pour Saint-Cyr.

Et il eût fait beau voir qu'on vînt dire à son père qu'il en serait autrement.

Celui-ci avait connu la gloire des comptes rendus éblouissants ; mais il savait aussi de combien de fatigues, de déboires, d'amertumes même, est faite la vie du comédien. Et il n'entendait pas que ses fils, Jules, qui est actuellement secrétaire général des Variétés et dirige avec tant d'activité les tournées fraternelles, et Albert, qui devait si mal tourner, entrassent au théâtre.

Mais on ne résiste pas à la Destinée.

Un soir, au sortir du lycée, Albert entra dans la salle du théâtre des Nouveautés, que son père dirigeait alors. Sur la scène, une artiste donnait une audition. Il s'agissait d'une scène entre une coquette et un collégien, scène qui se passait dans une pièce nouvelle de MM. Hennequin et Granger, intitulée *Fleur d'Oranger*.

A l'orchestre, les deux auteurs écoutaient la coquette à qui, en l'absence du titulaire du rôle du collégien, le régisseur donnait la réplique.

Tout à coup, le régisseur, appelé pour un service quelconque, est obligé de quitter la scène.

Hennequin se tourne vers Brasseur père qui assistait aussi à la répétition :

— Dis donc à ton fils de lire le rôle.

Rôle d'Arthur dans *Le Droit d'Aînesse.*

Albert monte sur le théâtre, lit le rôle. Quand l'audition est terminée, auteurs et directeur tombent d'accord pour reconnaître que la coquette est très mauvaise et qu'il est impossible de l'engager. Et devinez quelle était cette coquette? Céline Montaland.

Mais Hennequin prend à part Brasseur père et lui souffle à l'oreille :

— Tu devrais faire jouer le collégien par ton fils.

Un coup de tonnerre eût réduit en cendres le théâtre des Nouveautés, Brasseur n'aurait pas eu plus d'émotion qu'en entendant parler Hennequin.

— Mon fils se prépare à Saint-Cyr. Il est déjà bachelier, il veut être soldat; il a raison. Il ferait le plus détestable des comédiens. J'entends bien que tu ne lui communiques pas l'idée que tu viens d'avoir. Il va justement passer ses examens. Ce serait joli s'il t'écoutait!

Les auteurs sont souvent naïfs; les directeurs le sont aussi parfois. Brasseur pensa que cette simple prière suffirait à calmer Hennequin. Mais celui-ci n'abandonna pas aussi facilement son idée. Le lendemain, Albert étant revenu, Hen-

M. Albert Brasseur.   Mme Vaillant-Couturier.   M. Berthelier.

Phot. Nadar.

nequin lui dit tout bas : « Jouez donc le collégien ; vous aurez un succès énorme. »
Puis comme le temps passait et que l'on ne trouvait pas de titulaire pour le rôle,
Brasseur père admit que, « en attendant », « pour voir », on laisserait son fils tenir
le personnage. Déférant aux vœux des auteurs, Albert vint, entre deux répétitions, celles de mathématiques, et il commença de personnifier le jeune potache.

Avec nous, tous ceux qui ont travaillé pour la scène, reconnaîtront combien
en certains cas, au théâtre, on apporte de lenteurs avant de prendre une déci-
sion. S'agit-il d'un accessoire, on l'aura demain ; il y a un effet de lumière
curieux, sur lequel on compte, on vous répond que la scène étant encombrée,
à cause de la pièce qu'on joue, l'effet sera réglé demain. L'auteur désirerait
avoir les meubles sur la scène pour se rendre compte de l'évolution de certains
de ses personnages. On aura les meubles demain. Demain ! toujours demain ! Et
le jour de la répétition générale arrive, et meubles, accessoires, décors sont
posés d'un seul coup. Et les artistes vont, au petit bonheur ; et la pièce tombe ou
réussit, car tout arrive.

Eh bien ! ce que nous disons là, à un point de vue général bien entendu, peut
s'appliquer non seulement aux choses matérielles, mais aussi aux artistes. Pendant le travail des répétitions, Brasseur avait toujours pensé : « Jamais mon
fils ne jouera ça... Il faut que je cherche quelqu'un pour le remplacer. »

Le jour de la répétition générale arrive. Il n'a personne sous la main. Tous
les artistes qu'il a essayés lui ont paru détestables. On va frapper les trois coups,
le rideau est sur le point de se lever. Il n'y a plus qu'Albert capable de jouer le
collégien.

Furieux, Brasseur va trouver sa femme, qui était au théâtre :

— J'espère bien que tu ne laisseras pas ton fils faire cette bêtise ?

Mme Brasseur regarde son mari, avec une certaine surprise :

— Ce n'est pas maintenant que je peux l'en empêcher.

De plus en plus furieux, Brasseur revient sur la scène. Il trouve là Albert
costumé et maquillé ainsi qu'il convient. Dans la salle, le public commence à
s'impatienter. Le régisseur demande si l'on peut lever la toile.

— Au rideau ! crie Brasseur.

Et vaincu, comprenant que maintenant il serait en effet un peu tard pour
empêcher son fils de jouer, il lui dit :

— Tu l'as voulu, mon petit... Eh bien! tant pis pour toi... Dans quelques minutes, tu te trouveras en face de douze cents personnes... Tu verras des lumières, des têtes de gens qui auront l'air de vouloir te dévorer... A ce moment, tu chercheras ta salive... Elle sera loin! vas-y et amuse-toi.

Mais tout de même, il comprit que ces paroles n'étaient pas suffisamment encourageantes, et, revenant vers le jeune Brasseur, qui commençait à trouver le temps long :

— C'est à toi... N'aie pas peur.

Albert se précipite. Il doit faire son entrée d'une façon particulière. Il faut qu'il se montre d'abord dans l'encadrement d'une fenêtre située à la hauteur d'un premier étage; ensuite, il descendra le long d'un treillage.

Il apparaît, enjambe la fenêtre, veut saisir le treillage... Mais il manque son coup et le voici dégringolant du premier et tombant assis, sur le derrière, au milieu du théâtre.

Vous jugez de la tête du débutant! Mais, dans la salle, le public croit que l'entrée est réglée ainsi. On trouve l'effet très drôle. Les faces s'épanouissent et les rires retentissent. Les bravos claquent. Albert se relève, ahuri. Les spectateurs, en voyant cet ahurissement qu'ils croient simulé, rient de plus belle. Et quand la pièce est finie, le succès du jeune comédien a été si vif qu'Arnold Mortier, le créateur de *La Soirée Parisienne* au *Figaro*, vient demander à Brasseur quel était cet Albert, inscrit sur l'affiche, le dernier, après les figurants, et qui s'est montré si drôle :

— Mon fils, murmure Brasseur, sans enthousiasme.

Quelque temps après cette admirable révélation, Albert ne rêvait plus d'éclipser Alexandre et Napoléon. Seuls le tentaient désormais les lauriers

Phot Nadar.

Rôle de Narcisse Leloup
dans *Le Petit Chaperon Rouge.*

du théâtre. Grâce à l'entremise d'Hennequin, il obtint comme appointements la magnifique somme de soixante-quinze francs par mois. Le mal était maintenant sans remède.

Ce n'est pas qu'avec cette somme Albert Brasseur pût s'offrir le luxe d'éblouir ses contemporains par son faste.

Mais que lui importait la vie du dehors? N'avait-il pas réalisé son plus cher désir, celui qui consistait à avoir sa loge, à se maquiller et à paraître, le soir, devant quinze cents personnes qui l'applaudiraient?

Il était plein de zèle ; il avait confiance en soi-même ; il savait qu'il trouverait en son père un conseiller éclairé, qui, une fois dissipé le premier mouvement de mauvaise humeur, le pousserait et le conseillerait.

Il n'y avait plus qu'à développer ses dons naturels et à travailler le plus possible.

On verra, par la suite, que le jeune comédien ne bouda pas à la besogne.

Phot. Nadar.

Rôle de Narcisse Leloup, dans *Le Petit Chaperon Rouge.*

Il s'y mit avec un entrain, voire un acharnement, qui, depuis lors, ne s'est jamais démenti.

Quel que soit, en effet, le genre de pièce où Brasseur a paru, il a apporté toujours la même conscience à l'interprétation de ses rôles.

Montrons-le maintenant sous ses différents aspects :

Dans l'Opérette ;

Dans le Vaudeville et la Comédie ;

Dans les Revues.

IV

L'Opérette

C'est aux Nouveautés, dans une opérette de MM. Maxime Boucheron et H. Raymond, *Le Voyage en Amérique,* que M. Brasseur crée son deuxième rôle. Dirai-je que ce ne fut pas sans peine qu'il se décida à chanter ?

La musique du *Voyage en Amérique* était d'Hervé. Or, si l'électricité n'avait pas été inventée, celui-ci l'eût certainement trouvée. Le compositeur semblait toujours sous l'influence d'une pile de Volta. Il se démenait, gesticulait, parlait fébrilement ; chantait-il un morceau de sa composition, alors la fébrilité touchait au paroxysme ; il suait sang et eau. Hervé n'échappa pas à ce phénomène physique en faisant répéter *Le Voyage.* Il chantait ses morceaux en s'accompagnant lui-même, apportant dans cet exercice une frénésie si grande qu'il était obligé de changer trois fois de flanelle à chaque répétition.

En voyant ce qu'il en coûtait pour émettre des sons, Brasseur pensa : « Le nettoyage des flanelles n'est rien... Mais c'est la sudation... Je ne suis déjà pas très gros... Si je transpire ainsi tous les jours, de moi que restera-t-il ? »

Il avait deux couplets à chanter ; il obtint qu'on les supprimât. Ce ne fut d'ailleurs pas les seuls qu'on coupa. Dans cette pièce, Berthelier devait chanter une parodie de *La Marseillaise.* Le public écouta le premier couplet sans manifester ; mais lorsque Brasseur entra, en pâtissier, avec une manne sur la tête, figurant ainsi le patronnet classique, ami de tous les spectacles de la rue, l'orage éclata dans la salle. Il sembla aux spectateurs qu'on outrageait la République elle-même. Et nous nous rappelons Maxime Boucheron nous disant : « Dès la seconde, on supprima les couplets... Mais je n'y ai jamais rien compris. »

En ces temps reculés, on croyait encore à la politique ; depuis, nous avons moins de naïveté.

Après cette pièce, les Nouveautés montèrent *La Cantinière*, de MM. Burani et Félix Ribeyre. M. Robert Planquette avait composé la partition de cette opérette. Cette fois, Brasseur vit un musicien qui n'était pas obligé de changer de flanelle quand il chantait. Cet exemple le rassura et le décida à aborder la carrière lyrique. C'est dans *La Cantinière* que pour la première fois il chanta. Son audace fut récompensée de succès ; car avec Mily-Meyer il crée le duo : « Donn' moi de c'que t'as... J'te donnerai de c'que j'ai, » et il lance le fameux *Baptême de l'Orphéoniste*, qu'on répéta un peu partout.

Mais l'âge du service militaire est arrivé. Il faut quitter *La Cantinière* des Nouveautés pour celle moins amusante du régiment. Brasseur part pour le volontariat. Là, reparaît l'ancien aspirant à Saint-Cyr ; ce n'est pas pour rien que le doigt de Bellone vous a touché un jour au front. On en garde longtemps la marque. Et, dans le maniement des armes, à l'école de peloton et de compagnie, Brasseur se distingue. A tous les examens, il est classé avec le numéro un. Quand il quitte le régiment, il en sort toujours avec le même numéro et, de plus, les merveilleuses sardines de sergent. On essaye de le retenir ; peine perdue ! il ne veut plus faire que du théâtre ; néanmoins, six mois après, il passe les examens de sous-lieutenant de réserve et est nommé avec la note « très bien ». Parfaitement, mon général !

Son bel uniforme rangé dans une armoire, il rentra aux Nouveautés, que son père continuait de diriger.

Il reparut dans une pièce nouvelle, *Le Droit d'Aînesse*, un opéra-comique de MM. Vanloo et Leterrier, musique de Chassaigne.

C'est là que pour la première fois il se travestit. Voici comment était amené ce travestissement.

Une jeune fille (Mlle Marguerite Ugalde) avait été mise au couvent par ses parents. En général, dans les opérettes ou dans les vaudevilles, à quoi rêve une jeune fille qui est au couvent ? Elle rêve à un petit jeune homme qu'elle aura rencontré, et son plus cher désir sera de s'évader de l'endroit où elle est renfermée, pour aller rejoindre celui qui a troublé son cœur.

Vous ne serez donc pas surpris d'apprendre que, ainsi qu'il est prescrit, Mlle Ugalde prenait à un moment donné la clé des champs.

C'était l'instant précis où ses parents, son oncle et sa tante ,arrivaient ; mais, en route, ils avaient appris l'escapade de leur nièce ; ils s'étaient renseignés, et

ils savaient que la gamine, pour s'enfuir, avait revêtu des vêtements masculins.
Quel n'était pas leur étonnement en voyant apparaître Albert Brasseur, qui lui,
ayant trouvé les vêtements de femme quittés par la petite, les avait mis! Quoi qu'on leur eût dit, ils prenaient Brasseur pour leur nièce.

— Vous vous trompez.

— Pas du tout.

-- Mais si.

— Mais non.

Et malgré ses dénégations, Brasseur était enfermé au couvent, avec les autres petites pensionnaires, auxquelles, entre autres choses, il apprenait de prime abord la dissipation, vertu fondamentale pour être bon élève.

Et s'il était très comique en ses vêtements, il n'était pas moins drôle en garçonnet, avec sa perruque au milieu de laquelle se dressait une mèche rebelle et son visage imberbe éclairé de deux yeux vifs et malicieux, des yeux de gamin prêt à toutes les farces.

Cette rentrée fut très heureuse pour le jeune artiste ; et le lendemain de la première, il ne regretta pas de n'avoir pas rengagé.

Et cependant, qui sait ? Peut-être maintenant serait-il ministre de la Guerre !

Phot. Nadar.

Rôle d'Adamus, dans *Adam et Ève*.

Nous le voyons ensuite dans *Le Roi de Carreau*, de MM. Leterrier et Vanloo déjà nommés, musique de Lajarte.

Il y jouait Mistigris, un rôle de saltimbanque. A cette époque, — et cette mode, d'ailleurs, ne passera jamais tout à fait, — si un artiste avait à représenter

un personnage miséreux, il arrivait quand même en scène avec un costume tout
flambant neuf. Le public savait que le personnage n'avait pas un sou en poche;
n'importe, celui-ci apparaissait doré sur toutes les coutures. C'est, paraît-il, ce
qu'on appelle la convention théâtrale. Cette convention n'est pas près de disparaître, car certains artistes, désirant plaire avant tout aux belles spectatrices,
ne consentiraient jamais, sous peine
de déchoir à leurs propres yeux, à
s'habiller comme ils devraient l'être
dans la réalité. Combien de fois, par
exemple, ne voyons-nous pas des
acteurs qui, incarnant des généraux,
lesquels viennent de livrer de terri-
bles batailles, arrivent en scène
avec des uniformes brillants comme
des miroirs, des bottes vernies lui-
santes comme une lame d'épée, tels
enfin que s'ils paradaient dans des
salons? Avoir des bottes boueuses et
des vêtements déchirés quand on vient
de se battre? Ah! fi donc! Que pen-
seraient les élégantes qui, dans les
avant-scènes, regardent la pièce,
en mangeant des bonbons et en
jouant de l'éventail?

Toujours est-il que, prouvant par
là son intelligence d'artiste et affir-
mant déjà son goût pour le travestissement, cet art dans lequel il est

Rôle d'Adamus, dans *Adam et Ève*.

passé maître, Albert Brasseur comprit qu'ayant à jouer un bateleur de place
publique, il ne pouvait se montrer sous un déguisement aussi neuf que celui
d'un mondain se rendant à un bal costumé. C'est un petit détail que je
note en passant, mais il a son importance; car il indique tout de suite
le caractère de l'artiste.

Donc, on lui apporta, quelques jours avant la première, un costume de saltimbanque, un costume superbe, éblouissant. Brasseur le considéra, l'examina sous toutes ses faces ; puis, l'examen terminé, il le porta à l'étuve, d'où le beau costume revint fané, mais tel qu'il convenait qu'il fût, d'après l'esprit du rôle. En voyant, le soir de la première représentation, sa création ainsi abîmée, le costumier faillit avoir une crise de désespoir ; au contraire le pittoresque de l'accoutrement séduisit les spectateurs ; et Brasseur, pareil au nègre, songea qu'il n'avait plus qu'à continuer.

Si nous suivons toujours la série des opérettes, nous retrouvons ensuite Brasseur dans *Le Petit Chaperon Rouge*, de MM. Blum, Toché et Serpette, puis dans *L'Oiseau Bleu*, de MM. Chivot et Duru, musique de Charles Lecoq. Ici, le musicien avait écrit pour Brasseur un rôle qui, tout en restant dans le domaine de l'opérette, était un rôle de vrai petit ténor. Quand Lecoq lui eut fait entendre les morceaux, l'artiste se récria : « Jamais je ne pourrai chanter ça. — Si. — Non. » Bref, de part et d'autre, on s'entêtait et on discutait ferme lorsque le musicien dit : « Venez chez moi, je vous apprendrai le rôle et je vous affirme que vous le chanterez. »

Avec une bonne volonté qui l'honore, Brasseur accepta la proposition du maestro, persuadé toutefois que la tentative resterait infructueuse. On se mit au travail ; et si la foi religieuse soulève les montagnes, celle des musiciens n'est pas moins grande, puisque Brasseur chanta le rôle.

Le soir de la première, Chivot était dans la coulisse, Lecoq à la régie. Au deuxième acte, Brasseur entonne la romance :

> C'est un ange,
> Un jeune séraphin,
> Un svelte et joli blondin
> Qui jamais ne boit, ne mange.

Le morceau fini, on applaudit et on bisse ; Brasseur recommence, on l'oblige à chanter encore ; il en fut ainsi quatre fois.

Pendant ce temps, Lecoq, qui ne voyait rien, demandait à Chivot : « Qu'est-ce que c'est que le morceau qu'on applaudit ? » Et l'autre, avec un doux sourire : « C'est toujours le même. »

Maintenant, si vous voulez devenir ténor, vous connaissez la recette : allez trouver Charles Lecoq.

Mis en goût par ce succès, Brasseur ne doute plus de rien ; il ne s'arrête plus, et c'est à Dupré, le grand ténor de l'Opéra, qu'il demande des leçons pour créer *Adam et Ève*, aux côtés de Théo, Brasseur père et Berthelier. Dans cette grande opérette bouffe de Blum, Toché et Serpette, il y avait une mise en scène très importante. A la cérémonie du mariage d'Adam et Ève, on voyait un grand défilé de femmes. Rappellerai-je que dans ce défilé passaient Mmes Lantelme, Germaine Gallois, Decroza, Debriège, Norette, Suzanne Nérys, qui à ce moment-là étaient peu ou prou connues et qui toutes, depuis lors, avec des fortunes diverses, ont goûté les douceurs de la notoriété ?

Ensuite, Brasseur crée successivement *Babolin*, de MM. Ferrier et Prével, musique de Louis Varney, une opérette qui, jouée aux Nouveautés cent trente fois, fut transportée aux Folies-Dramatiques, où elle resta sur l'affiche pendant plus de deux mois ; *Serment d'Amour*, un opéra-comique de M. Audran où Brasseur tenait un rôle de trial, un emploi rare même à l'Opéra-Comique. Mais ce qu'il faut admirer c'est que, plus souvent encore que les femmes, les voix des chanteurs varient.

Ce rôle de trial, Brasseur l'eut encore dans *L'Amour mouillé*, un opéra-comique en trois actes de MM. Prével et Liorat, musique de M. Varney. Il personnifiait d'abord un écuyer, puis un organiste, et, là, donnait libre cours à une fantaisie des plus réjouissantes.

Dans l'opérette *La Grande Vie*, de MM. de Najac et Ferrier, musique de Lecoq, Brasseur qui, ainsi qu'on le verra dans le cours de cette étude, a dû apprendre un peu de tout, eut recours à un nouveau professeur.

Il jouait au deuxième acte une pantomime. Pour cet art spécial, il ne pouvait demander des leçons ni à Lecoq. ni à Dupré. Il s'adressa à Paul Legrand, le célèbre mime. Celui-ci lui montra comment on devait jouer selon les règles et s'habiller selon le rite ; mais quand il eut donné ces explications : « Tout ceci est important, jeune homme, dit-il ; seulement, il reste une question, non moins grave, celle du maquillage. » Et comme l'élève répondait qu'il avait dans sa loge tout ce qui est nécessaire pour se faire une figure : « Oh ! non, non ! repartit le mime, avec un profond dédain. N'employez pas les fards dont vous vous servez habituellement. Les Pierrots ont un maquillage spécial, le seul dont on doive user, si l'on veut être un Pierrot vraiment digne de ce nom... Laissez-moi faire, je vous préparerai cela moi-même. »

Et quelques jours après, Paul Legrand arrivait, tenant à la main une petite
boîte sur laquelle étaient écrits ces mots : *Maquillage du vrai Pierrot*. Brasseur
ouvrit la boîte avec respect, persuadé qu'il allait y trouver quelque chose
d'extraordinaire. A la vérité, il ne découvrit d'abord qu'un petit pot contenant
un blanc de perle préparé spécialement ; puis, en regardant plus attentivement,
il vit deux pompons faits avec des mèches de chandelle reliées par un bout de ficelle. — « Qu'est-ce que cela? — Cela, dit Paul Legrand avec un geste de respect, c'est la houppe avec laquelle on met le blanc de perle sur le visage. C'est la houppe dont se sont servis tous les grands Pierrots. »

Songeons, maintenant, aux temps proches où, l'électricité régnant en tous pays, on ne fera plus de mèches de chandelle. L'avenir est triste pour les Pierrots.

Vient maintenant *Le Royaume des Femmes*. En dirons-nous brièvement l'idée principale? De nos jours les personnes du sexe opposé au nôtre, personnes auxquelles nous adresserons toujours les plus gracieux de nos

Phot Nadar.

Rôle de Mistigris, dans *Le Roi de Carreau*.

sourires, si tant est qu'ils soient gracieux, réclament, non sans quelque raison,
leurs droits, elles qui jusqu'ici n'ont eu que des devoirs. Pour nous servir du mot à
la mode, le Féminisme va son train. Afin d'affirmer leurs revendications, quel-
ques-unes ou quelques-uns des apôtres de cette croisade, sachant que pour être
entendu il faut crier fort, élèvent très haut la voix, exagèrent au besoin le sens
de leurs réclamations. Elles affirment que tout emploi qui convient à l'homme

peut convenir à la femme. Après les femmes avocats, les femmes médecins ; et
puisque l'exercice de la médecine et de la défense des filous leur seraient
accordés, pourquoi n'irait-on pas plus loin? Pourquoi ne verrions-nous pas des
femmes — celles qui luttent sans doute, à la fête de Neuilly — ceindre le tablier
de cuir des forgerons ? Pourquoi, leurs cheveux cachés sous le chapeau de
toile cirée des cochers, ne conduiraient-elles pas des fiacres et des automobiles?

Si l'on exagère dans le sens
comique ces idées, on en vient à se
demander ce que feront alors les
hommes. Une fois délogés des situa-
tions qu'ils occupent, les voici
réduits à se tourner les pouces, à
muser le long des avenues, à paresser
toute la journée. Mais les femmes
admettront-elles un pareil état de
choses? Quand on travaille, on
n'aime guère à voir paresser autour
de soi. Conclusion fatale : Voyant
l'homme inoccupé, la femme lui dira
de s'intéresser à quelque chose. Puis-
qu'elle est obligée de sortir, elle
ordonnera à son compagnon de
rester à la maison, de vaquer aux
soins du ménage, de garder les
enfants, au besoin de leur donner le
biberon et d'aller, comme jadis la

Phot. Nadar.

Rôle du Marquis, dans *Serment d'Amour*.

bonne ménagère, faire les provisions quotidiennes au marché. En un mot,
c'est le renversement des rôles. Et l'on voit les effets que, d'un tel sujet, un
auteur comique peut tirer.

Dans cette critique légère, nous ne voulons pas remonter jusqu'à l'Antiquité
et évoquer le grand nom d'Aristophane ; mais celui-ci déjà avait montré la
prépondérance que pouvait acquérir la femme, et il l'avait raillée. Pour revenir
à des temps plus proches, les frères Cogniart et Dénoyer eurent l'idée de
mettre en scène le sujet que nous venons d'exposer. Dans un vaudeville en deux

actes qu'ils intitulèrent *La Reine Caroline*, ils montrèrent les femmes tenant tous les emplois d'hommes *et vice versa*. Le Féminisme n'était pas encore inventé, mais déjà il existait. L'idée était ingénieuse, paraissait neuve autant que dix-neuf cents ans après des milliers d'années peut paraître neuve une idée ; le vaudeville obtint un vif succès. Dans la version primitive, le principal personnage s'appelait Réyoned, nom bizarre qui n'était que l'anagramme de Dénoyer. Le rôle était tenu par Lepeintre jeune, à qui il arriva la mésaventure suivante, mésaventure que nos lectrices voudront bien lire en fermant à demi les yeux.

Un soir, Lepeintre était arrivé en retard au théâtre. Il s'habille vivement, descend de même, et entre en scène.

A son entrée il entend des rires, ce qui ne le surprend pas, car il y était habitué ; mais voici que s'élèvent des « oh ! » des « ah ! » effarouchés, puis se font entendre de petits cris de pudeur alarmée. Lepeintre commence de parler, mais les « oh ! » les « ah ! » continuent de plus en plus nombreux, ainsi que les petits cris. Étonné, puis ahuri, l'artiste regarde le public, ne comprenant pas ; enfin, un de ses camarades lui fait un signe, lui dit un mot ; et voici le malheureux Lepeintre qui, rouge, cramoisi ainsi que la croûte d'un fromage de Hollande, court, affolé, vers les coulisses.

C'était alors pour les hommes la mode de porter des pantalons à pont. Affligé d'une terrible obésité, Lepeintre, à cause de l'énormité de son ventre, n'avait pu s'apercevoir que le pont de sa culotte était, si toutefois nous pouvons nous exprimer ainsi, baissé, et il était entré ainsi sur la scène, ignorant de son incorrection. Mais le public sait pardonner aux infirmités naturelles ; et quand Lepeintre reparut, il n'entendit plus, avec les rires, que des bravos.

Plus tard, *La Reine Caroline*, qui devint *Le Royaume des Femmes*, fut refaite par les frères Cogniard, qui introduisirent dans cette nouvelle version un rôle pour la célèbre Alphonsine. Reprise souvent, elle eut toujours un succès égal à celui de la création.

Enfin, en 1889, MM. Blum et Toché remanièrent complètement la pièce, la modernisèrent et l'apportèrent aux Nouveautés, divisée en six tableaux.

Brasseur joua Alcindor, et, sans parler de ses autres travestissements, nous le revoyons encore avec sa perruque à la mal-content, sa petite blouse d'enfant sur laquelle se détachait la blancheur d'un col marin, son pantalon de femme à dentelle, ses bas rayés, ses gros souliers lacés et ferrés. Nous le revoyons, assis devant un rouet et filant, comme autrefois nos grand'mères. Ce costume, c'est l'artiste qui l'inventa. La veille de la répétition générale, on lui avait apporté des vêtements féminins, de coupe irréprochable sans doute, mais qui ne donnaient rien comme effet.

Le lendemain, en passant sur le boulevard, Brasseur aperçut Blum et Toché qui déjeunaient à la Maison d'Or. Ceux-ci l'appelèrent; on parla de la pièce, puis l'un d'eux demanda :

— Vous êtes content de vos costumes?

— Moi, pas du tout, répondit Brasseur.

— C'est aussi notre avis.

— Il n'y a qu'à les modifier !

— Si c'est possible, oui.

— Je crois bien que c'est possible !

Brasseur fila au théâtre, manda le costumier et, avec l'aide de ce dernier, il confectionna lui-même l'originale petite blouse grise qui mit en joie la salle, le soir de la première, ainsi que le vêtement si cocasse du petit matelot.

Le Royaume des Femmes fut joué trois cents fois de suite. C'était, nous l'avons dit, en 1889, en pleine période d'Exposition.

Mais voici qui montrera que toute médaille à son revers et que tout succès a sa « douloureuse ».

La pièce commençait à 8 heures et se terminait à minuit. Pendant ces soirées, les Parisiens qui ne demeuraient pas chez eux, les provinciaux qui ne restaient pas à l'hôtel, tous ceux qui n'étaient pas pris par des dîners ou qui n'allaient pas au théâtre, se rendaient au Champ-de-Mars, voir jaillir, en cascades multicolores, les fontaines lumineuses.

Hélas! durant tous ces soirs, si nombreux cependant, Brasseur était obligé de jouer. De 8 heures à minuit, il devait, en brave Alcindor qu'il était, mener la ronde du *Royaume des Femmes*. Jamais il ne put aller contempler les fontaines lumineuses à l'Exposition.

La première fois qu'il les vit, ce fut dans une Revue. Et l'on dit que les Parisiens, les artistes particulièrement, sont les premiers à tout connaître!

Dans *Le Château de Tire-Larigot*, de Blum et Toché, musique de Serpette, Brasseur, qui s'était déjà essayé dans ce genre, aborde tout à fait l'emploi des rôles à transformations. A ce sujet disons un mot sur la façon dont l'artiste compose et habille ses personnages, et aussi sur la façon dont il se grime. Qu'il représente un bouffon épique comme le duc d'En-Face ou une sorcière d'une horreur éperdue, comme la Somnambule d'*Une Semaine à Paris*, toujours sous la bouffonnerie ou le grotesque horrible, vous retrouverez de la vérité; Brasseur prend un type rencontré dans la rue, il le déforme et le pousse au grotesque. Certains de ses personnages semblent échappés d'un cauchemar. Ce duc d'En-Face, ce gâteux avec ses petites jambes courtes et sa mine hébétée, à première vue, il nous fait rire d'abord; mais ensuite, quand il pousse ses petits cris inarticulés, il n'est pas sans nous faire passer un léger frisson dans le dos : C'est le Gâtisme qui s'agite et se meut devant nous. Et si nous nous en apercevons, c'est que l'artiste, par sa démarche, ses tics, ses bégaiements confus, a introduit dans le rôle une parcelle de vérité.

Phot. Nadar.

Rôle d'Alcindor, dans *Le Royaume des Femmes.*

Pour arriver à ce résultat, comment procède-t-il? D'abord il ne laisse pas à un dessinateur de théâtre le soin de dessiner ses costumes. Nous n'irons pas jusqu'à dire qu'il possède le coup de crayon d'un Hermann Paul. Mais comme il sait ce qu'il veut et qu'il le sait bien, il dessine ses costumes lui-même. En quelques coups de plume, il esquissera le fantoche qu'il entend personnifier; le

Rôle de Jean-Jean, dans *Le Château de Tire-Larigot*.

5

croquis du duc d'En-Face que nous donnons en est un exemple. Le costumier travaillera d'après ses indications, ou bien (quand nous serons au chapitre des revues, nous reviendrons sur cette question), il se rend chez les marchandes à la toilette, court les fripiers, et, à l'aide de vêtements achetés un peu partout, habille son personnage. Ajoutons enfin que pour se grimer, s'il emploie les postiches nécessaires tels que fausses barbes et perruques, il ne se sert jamais de cartonnages. Il semble parfois que son visage a grossi ou qu'il a diminué; Brasseur obtient ces divers résultats simplement par les façons différentes dont il se maquille. Procédé précieux dont il devrait donner la recette! Les gens trop gras le béniraient, — et les trop maigres aussi.

En ses différentes transformations du *Château de Tire-Larigot*, Brasseur obtint un succès étourdissant dans la scène suivante : le théâtre représentait un couloir de loges; l'artiste entrait à un certain moment dans une des loges, en costume impeccable de mondain; à peine était-il disparu, qu'il ressortait immédiatement d'une autre loge, habillé en Jean-Jean. La pièce, comme dirait Sarcey, alla aux nues; pendant un mois le bureau de location resta fermé le soir.

Mais quelques années après, Brasseur père mourait et le théâtre des Nouveautés, au bout de plusieurs mois, passait aux mains de M. Micheau.

C'est alors que M. Albert Brasseur entra aux Variétés. Entre temps, des offres lui avaient été faites par les directeurs du Palais-Royal. Mais on ne se mit pas d'accord sur la durée du congé annuel. A cause de ses tournées en province, Albert Brasseur désirait un congé de trois mois chaque année. Les directeurs du Palais-Royal demandèrent à réfléchir. Sur ces entrefaites, M. Bertrand, qui dirigeait les Variétés et qui était un vieil ami de Brasseur père, fit venir le fils et lui offrit de l'engager séance tenante. Directeur et artiste s'entendirent tout de suite. Et au commencement de l'hiver de 1890, Brasseur débutait dans *Paris Port de mer*, au théâtre du boulevard Montmartre.

Là, toujours dans le domaine de l'opérette, il reprit *La Vie Parisienne* que son père avait créée au Palais-Royal le 31 octobre 1866. Et pour marquer combien au théâtre il est difficile de savoir l'événement d'une pièce, nous rappellerons qu'avant la première de cette opérette, personne, directeur et auteur, ne croyait à la réussite; Meilhac eut même l'intention de ne pas la laisser jouer. Arrive la représentation et c'est un succès fou. Brasseur père eut alors une petite pique avec les directeurs. Au bout d'un certain nombre de représentations, quand *La Vie Parisienne* était en pleine vogue, il prit le congé auquel il avait droit chaque 'année. En vain, on insista auprès de lui : « J'use de mon droit, » répliqua-t-il. A ce moment, M. Bertrand, qui ne songeait pas à diriger les Variétés et encore moins l'Opéra, était à la tête du théâtre de Lille. Brasseur lui apporta l'opérette d'Offenbach, la joua au théâtre de Lille et, pendant un mois, on encaissa des recettes superbes. Si on réfléchit avec quelle vitesse les pièces passent en province, on conviendra entre nous que *La Vie Parisienne* avait la vie dure.

Aussi, M. Bertrand, se souvenant que Brasseur père, auquel le liait une vieille amitié, lui avait porté bonheur avec cette opérette, songea qu'une reprise de cette même pièce serait favorable au fils. Mais, pour les nombreuses reprises précédemment faites, le rôle avait souvent été partagé entre divers artistes. On convint que cette fois-ci Albert Brasseur jouerait le rôle tel qu'il avait été créé en 1866, c'est-à-dire avec toute la musique et toutes les transformations. Or, savez-vous combien il y a de changements de costumes? Dix exactement : l'acteur apparaît d'abord dans le personnage du

Phot. Nadar.

Rôle d'Alcindor, dans *Le Royaume des Femmes*.

Brésilien, puis successivement dans ceux de Fritz, du Major, de Prosper, du domestique, du valet de pied, du diplomate, enfin nous le revoyons en Brésilien. Il y a deux changements nécessaires pour passer du valet de pied au diplomate et du diplomate au valet de pied. En un mot, l'artiste, quand il n'est pas en scène, se déshabille et se rhabille tout le temps. Avouez que s'il est applaudi, ce qui fut le cas d'Albert Brasseur, il n'a pas volé son succès.

Il ne suffit pas, pour un tel rôle, d'être chanteur et comédien, il faut aussi avoir des qualités de prestidigitateur.

Puis Brasseur crée dans *Madame Satan* un rôle qui rentre dans la série des rôles habillés et de comédie à couplets. Souvenez-vous de l'amusante scène du Louvre où il essayait des gants à Jeanne Granier ; c'est enfin *Le Carnet du Diable*, *Chilpéric*, où il dessine un type d'extravagante fantaisie, *L'Œil crevé*, *Le Pompier de service*, où il semblait un véritable pompier.

Nous avons parlé plus haut de l'épique duc d'En-Face de *L'Œil crevé*. Nous avons évoqué quel merveilleux symbole du Gâtisme Albert Brasseur en avait fait. Voici une anecdote qui prouve qu'il ne faut pas trop jouer avec le feu.

— Quand je suis en scène, nous contait un jour Brasseur, je m'identifie complètement avec mon personnage, je vis sa vie ; or, avec le duc d'En-Face, afin de lui donner tout son naturel, j'en étais arrivé, quand je paraissais sur le théâtre, à marcher réellement comme si la paralysie générale me guettait. Je m'autosuggestionnais même si bien que j'avais la cervelle presque à l'envers et que je ne faisais plus attention à des choses qui pouvaient être dangereuses pour moi. En voulez-vous un exemple ? Tous les soirs, je montais sur un trône élevé de quelques marches ; là, presque insensible à

Reproduction en noir d'une aquarelle faite par M. Alb. Brasseur pour la création du duc d'En-Face dans *L'Œil crevé*.

ce qui se passait autour de moi, je me laissais tomber de côté, ou bien j'avais l'air de vouloir piquer une tête en avant. Aussitôt quelqu'un me remettait en place, comme s'il se fût agi d'un pantin en bois. Mais un soir, tout à fait dans la peau du personnage, je me penche en avant à ce point que je perds l'équilibre ; personne ne me retient et je tombe en frappant de la tête la dernière marche de l'escalier. Je pouvais me faire beaucoup de mal, vous vous en doutez. Eh bien ! vous savez que les fous jouissent d'un privilège, c'est de ne pas sentir la douleur quelquefois; il faut croire que j'étais un peu fou, car je ne ressentis rien, ni à ce moment-là, ni plus tard. »

Le piquant de l'aventure, c'est que le public, en voyant Brasseur dégringoler ainsi, pensa que l'effet était réglé d'avance. De même qu'au soir de son début où il tomba, sans le vouloir, d'un premier étage et se retrouva assis sur le derrière au milieu de la scène, de même ici, les spectateurs crurent à une plaisanterie burlesque qu'il devait répéter quotidiennement; et pour le récompenser de tant de drôlerie, ils l'applaudirent à tout rompre.

V

La Comédie

Parlons maintenant de Brasseur dans la Comédie.

L'opérette, comme l'opéra-comique et l'opéra, aide à produire quelquefois des sujets singuliers.

Ce sont des artistes qu'on voit arriver en scène, les bras collés au corps, les yeux fixes et qui se meuvent avec la rigidité des automates. Ils ouvrent la bouche : une belle voix sort de leur gosier; mais ne leur demandez pas de jouer la scène qu'ils chantent; ils en sont incapables. Jamais leurs gestes, leur maintien, l'expression de leur physionomie, ne concorderont avec ce qu'ils roucoulent. Spectacle lamentable! Ce sont de purs chanteurs, rien que des chanteurs. Et pour notre part, rien ne nous irrite autant que la vue de ces personnages en bois qui semblent, une fois en scène, avoir laissé l'intelligence dont la nature les a gratifiés en dépôt dans les coulisses. Nous espérons que, le progrès aidant, un jour toutes ces belles voix se feront entendre seulement dans des phonographes perfectionnés; car tout chanteur que ne double pas un comédien n'est qu'un artiste médiocre et, avouons-le franchement, s'il nous amuse un instant comme phénomène, il n'est pas longtemps sans nous ennuyer.

Que ce soit dans le drame lyrique, dans le genre éminemment français ou dans l'opérette, ces moitiés d'artistes sont toujours insupportables; toutefois il semble plus facile de les tolérer dans le vaste cadre de l'Opéra que sur une petite scène où leur gaucherie est d'autant plus évidente que nous sommes plus près d'eux. Nous sommes trop charitable pour citer aucun nom; mais combien de fois aux premières, mes confrères et moi n'avons pu retenir de petits cris de joie en voyant de ces chanteurs dont le talent est en raison inverse de la suffisance? Ce n'est pas parce qu'on chante l'opérette qu'il est permis de ne pas savoir se tenir en scène.

La qualité primordiale de M. Albert Brasseur est d'être un comédien. Dès qu'il apparaît avec son masque où brillent deux yeux bleus et ronds, tour à tour étonnés, naïfs ou malicieux, où se redresse, retroussé comme par une chiquenaude, un nez aux narines mobiles, où s'entr'ouvre une bouche rieuse, l'aspect physique prédispose le public à la gaieté. Mais tout de suite, à la seule façon dont il prend possession de la scène, les spectateurs devinent l'artiste sûr de soi-même, qui soulignera le texte d'un clin d'yeux expressif ou d'un jeu de physionomie habile, destinés à mettre en valeur ses réflexions ou ses reparties.

M. Brasseur père, rôle du Diplomate
dans *La Vie Parisienne*, au Palais-Royal.

Phot. Numa.

Il ne passe pas son temps à regarder la salle pour voir si une spectatrice le lorgne ; il suit le jeu de ses partenaires, et sa physionomie reflète les sentiments que les répliques de ceux-ci provoquent en lui. Pour nous servir d'un terme de coulisses, toujours il tient la scène.

Et sa drôlerie, qui du comique bouffe va jusqu'à la pitrerie la plus cocasse, ne vient pas seulement de ce qu'il sait jouer, mais aussi de ce qu'il sait écouter, un art que beaucoup d'artistes, les femmes surtout, dédaignent volontiers.

Si nous prenons la farce, Brasseur excelle à composer le type classique du Jocrisse, le benêt délicieux, qui de nos jours est devenu Calino. Sans nous livrer à une étude approfondie sur les Jocrisses, rappelons que ce type est depuis longtemps connu. On le trouve dans les ballets du temps de Louis XIII ; dans *Sganarelle,* il figure à l'arrière-plan ; mais la grande vogue lui vient lorsque, au XVIIIe siècle, Dorvigny le porte sur la scène dans *Le Désespoir de Jocrisse.* Après Dorvigny, suivant cette loi théâtrale qui fait que lorsqu'une pièce d'un certain genre a réussi, une foule d'auteurs la recommencent sous d'autres titres, le Jocrisse continue d'avoir la vogue : ce sont *Les Deux Jocrisses,* d'Armand Gouffé (an VIII) ; *Le Mariage de Jocrisse,* d'Henrion (an VIII) ; *Jocrisse au Sérail,* par René Perrin (an IX) ; *Jocrisse aux Enfers,* par Désaugiers (1809), etc., etc.

C'est Jocrisse qui fait des réponses de ce genre. Il a cassé une assiette ; son maître lui demande comment il a commis une telle maladresse. Jocrisse prend une autre assiette, la laisse tomber et dit : « C'est comme ça, Monsieur. »

En 1893, M. Samuel, le directeur actuel des Variétés, fonda des matinées dans lesquelles il entendait chaque jeudi passer en revue les pièces bouffes anciennes qui avaient fait la fortune du théâtre. La première pièce qu'il donna fut *Le Panorama de Momus*, prologue en deux tableaux, dans lequel Brasseur tenait le rôle du Jocrisse, créé par Brunet. Cette pièce de circonstance, à laquelle avaient collaboré les principaux chansonniers du temps, entre autres Désaugiers, fut représentée pour la première fois quand Brunet, le directeur et l'acteur principal de la salle Montansier, quitta le Palais-Royal par suite des criailleries et des réclamations des comédiens du Théâtre-Français. Brunet émigra au boulevard Montmartre, alors quartier excentrique, où il fonda le théâtre actuel des Variétés.

Voici en quels termes M. Henry Bauer, l'éminent critique de l'*Écho de Paris*, parla de cette reprise :

« *Le Panorama de Momus* fut une pièce de circonstance, le prologue d'ouverture des Variétés transférées au boulevard. Les

Alb. Brasseur, rôle du Diplomate dans *La Vie Parisienne*, théâtre des Variétés.

différents types à la mode du temps y défilent en ordre de couplets, et Jocrisse, et Momus, et Caron, accueillis par la Folie, maîtresse du lieu. Naturellement les allusions nous échappent et les plaisanteries ne valent plus guère, mais le spectacle est d'une jolie couleur archaïque, les couplets nombreux sont fredonnés de gentille façon par les jolies femmes de la troupe, les timbres de ces rondes sont si anciens qu'ils ont comme une fraîcheur de nouveauté, les costumes de 1812 nous amusent comme de vivantes images.

« Comment ce tableau ne plairait- il pas, restitué par de rares actions comiques d'esprit, de fantaisie et de malice ? M. Albert Brasseur est d'un burlesque achevé en Jocrisse ; il en a la niaiserie délicieuse, l'air contrit, l'allure trembleuse ; il en détaille à merveille les mésaventures en chanson. Il nous rend, en fine silhouette, avec un talent nuancé, sans nulle outrance, la figure minable des prototypes. »

Dans sa collection de théâtre fort variée et fort rare, Albert Brasseur avait reconstitué de façon exacte le costume porté par Brunet à la création ; c'est avec ce costume qu'il parut en scène. Dans ce rôle, Jocrisse a une réponse qui mérite d'être rapportée. Quelqu'un lui demande comment il déjeune :

— Oh ! c'est bien simple, répond-il ; j'achète deux sous de pain et une chandelle.

— Et vous mangez la chandelle ?

— Oh ! non, je l'allume, puis je la souffle... Une bonne odeur de viande rôtie se répand ; alors je mange du pain ; puis je rallume la chandelle, je la souffle de nouveau ; et je continue de manger.

Et il conclut par ce trait d'une naïveté exquise :

— Voyez-vous, Monsieur, si on a de quoi rallumer souvent la chandelle,

M. Brasseur père, rôle du Brésilien
dans *La Vie Parisienne* au Palais-Royal.

on peut même inviter du monde.

C'est dans *Nos jolies Fraudeuses*, d'Alexandre Bisson, que Brasseur joua un rôle qui relevait du genre de la Comédie. Mais ses qualités de comédien, il les avait déjà prouvées dans les opérettes où l'emploi qu'il tient exige, en dehors de la scène, ainsi que nous venons de l'indiquer, un jeu comique continu.

Ensuite, il crée *Mimi*, d'Hippolyte Raimond, et *Les Ménages Parisiens*, d'Albin Valabrègue. La façon dont cette dernière comédie-vaudeville fut reçue

mérite d'être contée. L'auteur avait apporté aux Nouveautés une pièce agréée
par la direction. Le jour de la lecture, les artistes sont là, le régisseur, le
directeur. On s'asseoit, on attend ; puis l'auteur commence la lecture. Au
premier acte, les rires sont discrets, aux actes suivants, ils sont nuls. Les effets
de lecture ne sont pas toujours probants. Nous avons vu souvent dans les cour-
riers de théâtres des échos ainsi tournés : « Hier, au théâtre de..., on a lu la
pièce M. X... Gros effet de lecture. Les artistes sont partis enchantés de leurs

rôles. » Arrivait le soir de la première. Les
spectateurs entendaient le chef-d'œuvre ;
et ils s'en allaient avec cette idée que si
les artistes étaient ravis de leurs rôles, le
public ne partagerait en aucune façon leur
manière de voir. Par contre, il arrive que
des pièces qui ont reçu un accueil glacial à
la lecture, auxquelles personne ne croit
pendant les répétitions (*La Vie Parisienne*
en est un exemple), réussissent brillamment. Mais ce ne sont peut-être que des
exceptions. C'est ce que pensa sans doute
M. Albin Valabrègue. Car, lorsqu'il eut
constaté le manque d'enthousiasme dont
le vaudeville qu'il venait de lire était
l'objet, il s'en alla trouver le directeur :
« Ça n'a pas marché, dit-il; je ne veux pas
m'exposer à un four... J'ai une autre pièce
terminée que je destinais à la Comédie-
Française... Voulez-vous dire aux artistes

Alb. Brasseur, rôle du Brésilien
dans *La Vie Parisienne.*

de rester là. » Et l'auteur de sauter dans un fiacre, de courir chez lui, de
revenir avec un nouveau manuscrit qu'il lit avec fièvre. Et cette fois, les
artistes se dégèlent, ils sourient, ils rient. La nouvelle pièce s'appelait *Les
Ménages Parisiens* et elle fut représentée pendant quatre mois.

Quelques années plus tard, M. Albert Brasseur devait jouer dans une nouvelle
pièce de M. Valabrègue, aux Variétés. Sur ce vaudeville, la direction, encore
une fois, ne comptait guère. Elle avait engagé une artiste célèbre en représen-

tations et elle espérait bien que ces représentations iraient loin. A tout hasard, on avait distribué aux artistes le vaudeville de M. Valabrègue, intitulé *Le Premier Mari de France*, et l'on répétait au foyer. Il faut avoir fait représenter des pièces pour comprendre tout ce que contient de mélancolie cette phrase : « On répète au foyer. » Cela signifie que les artistes ont le droit d'arriver en retard, d'ânonner leurs rôles, que les indications de mise en scène ne comptent pas et que la pièce ne sera peut-être jamais représentée. Mais l'étoile qui illumine le front temporairement socialiste de M. Valabrègue ne devait pas cesser de briller ; les représentations sur lesquelles on comptait n'eurent pas le succès espéré. Et comme M. Samuel, inquiet, se demandait : « Que vais-je faire ? » il se rappela que là-haut, au foyer des artistes, on répétait *Le Premier Mari de France*. D'un coup de canne impérieux, son légendaire chapeau de paille rejeté

Alb. Brasseur, rôle du Brésilien
dans *La Vie Parisienne.*

en arrière, il ordonna qu'on fît descendre en scène la pièce. Et une fois de plus, il se trouva qu'un vaudeville sur lequel la direction ne comptait guère ramena la fortune au théâtre.

Nous retrouvons ensuite Brasseur dans *La Bonne à tout faire,* de MM. Dubut de Laforest et Oscar Méténier. Dans cette comédie, l'artiste avait un rôle très court, mais qui n'était pas sans danger. Il personnifiait un garçon coiffeur, lequel, afin de marquer son amour à la bonne (Mlle Marcelle Lender), entrait en scène et demandait à l'adorée : « Combien as-tu d'argent à me donner aujourd'hui ? » La servante lui remettait quelques pièces blanches, et Brasseur, très digne, s'en allait. Le jour de la première, M. Albert Carré, le directeur actuel de l'Opéra-Comique, qui avait guidé les répétitions

de la pièce, dit à l'artiste, au moment où celui-ci allait entrer en scène : « Je ne voudrais pas être dans votre peau. » Mais le petit dialogue que nous venons d'indiquer s'engagea entre M. Brasseur et Mlle Lender, exquise d'ailleurs en son rôle de bonne, et le public ne broncha pas. En faut-il conclure que l'opinion générale à Paris admet que les ouvriers coiffeurs peuvent recevoir, sans que personne en soit fâché, de l'argent de nos domestiques en jupon? C'est une question sur laquelle nous nous garderons bien de nous prononcer, tenant à notre tête.

Si, dans *La Bonne à tout faire*, Albert Brasseur hérita d'un rôle très court, en revanche, dans *Le Nouveau Jeu*, de M. Henri Lavedan, il put établir le record du texte pour un artiste. Son rôle ne comportait pas moins de deux mille quatre cents lignes. Le dimanche, quand il jouait en matinée et en soirée, il sortait fourbu du théâtre; et nous aurions voulu voir de quelle façon aurait été reçu le maladroit qui, le lundi matin, aurait été assez osé pour le réveiller, ainsi que d'ailleurs sa partenaire, Jeanne Granier, qui, elle aussi, tenait un personnage non moins fatigant.

Dans *Le Nouveau Jeu*, Brasseur s'affirma comédien de véritable tenue, d'une remarquable justesse de ton dans le comique, justifiant toutes les qualités dont nous avons parlé au début de ce chapitre.

A propos de la pièce 'et du principal personnage, M. Henry Bauer écrivait, au lendemain de la première représentation :

« Quels sont ces gens-là? Marionnettes, fantoches ou chimères? Gambadent-ils dans un guignol irréel, sortent-ils de la boîte à malices du dieu de la fantaisie carnavalesque? Où ont-ils appris le verbe abracadabrant qu'ils profèrent entre deux

M. Brasseur père, dans *Le Vieux Buveur*.

pirouettes? La force de leurs postures, de leurs aventures familiales, conjugales et galantes, se classe-t-elle dans l'une des catégories de la société contemporaine?

« Eh bien! ils vivent! Je les ai vus, je les connais, ces hommes, fantoches de l'actuelle modalité, je pourrais mettre des noms sur les masques de ces poupées, sur les grimaces de ces pantins dont « la fête » continuelle tire et détend les ficelles. Tous appartiennent à la noce de Paris, hommes et femmes

publics qui battent la caisse et sonnent du cor autour de leurs stations
de joie.

« ...Quant à M. Albert Brasseur, il prouve un talent bon et soutenu avec
de l'éclat, de la fantaisie, de la drôlerie ininterrompue qui le met hors de
pair pour l'emploi des jeunes premiers comiques. »

M. Francisque Sarcey, au lendemain de la cinquantième du *Nouveau Jeu*,
disait :

« Je suis retourné voir aux Variétés *Le Nouveau Jeu*, de M. Henri Lavedan.

Alb. Brasseur, rôle du bottier
dans *La Vie Parisienne*.

« Il faut rendre justice aux artistes : aucun
d'eux n'a lâché la pièce; aucun d'eux ne l'a
chargée de ces cascades que les acteurs fatigués de leurs rôles se permettent trop souvent.

« ...Brasseur est, dans son personnage
fêtard nouveau jeu, la perfection même. Le
rôle était si bien établi par lui que pas un
mot de l'interprétation n'a bougé. »

Pour monter cette pièce, M. Samuel s'est
servi d'un truc ingénieux destiné à supprimer
l'entr'acte entre deux tableaux. Voici de quelle
façon ce truc est réalisé. Du côté qui fait face
au public, on installe, sur un plateau tournant
(« tournette » en argot de théâtre), le premier
décor, lequel tient juste la moitié de la tournette; de l'autre côté on plante le second
décor. Quand le premier tableau est joué, un

coup de timbre retentit, la salle est plongée dans l'obscurité, on fait tourner le
plateau ; le premier décor disparaît dans le fond, tandis que le second vient
prendre sa place.

Ce système de décors tournants qui, grâce aux progrès de la machinerie
moderne, se perfectionne de jour en jour, est employé depuis longtemps en
Angleterre et en Allemagne. Certains théâtres étrangers donnent même de
cette façon trois décors successifs.

Mais au fond, ce truc n'est qu'une application de celui qui servait jadis aux
tableaux vivants; et puisque nous parlons de ces tableaux et que nous sommes

aux Variétés, il nous est permis de rappeler que l'usage de la « tournette » donna
lieu un jour à une manifestation touchante en faveur d'Odry, le fameux créateur de Bilboquet dans *Les Saltimbanques*.

C'est en parlant de cet artiste que Dumersan, son principal fournisseur de
rôles, avait coutume de dire : « Son nez retroussé a fait plus rire de gens que
Néron n'en a fait pleurer. » De son côté, Théophile Gautier le portraicturait
ainsi : « Odry a le nez taillé en bouchon de carafe, c'est là une grande partie de
son talent ; l'auteur est obligé de ne jamais perdre de vue ce nez magistral et
triomphant, et de pratiquer dans son action
toutes sortes de trèfles et de lucarnes pour le
laisser voir sous toutes ses facettes... Comme la
nature l'a traité en enfant gâté, cet Odry ! Avec
quelle curiosité complaisante elle a soigné sa
laideur !... O grand, inimitable, surprenant,
éblouissant Odry ! Jamais casse-noisette de
Nuremberg, jamais tête chimérique sculptée dans
les nœuds d'une canne, n'offrirent un profil plus
véritablement grotesque. Le comique d'Odry ne
dépend pas des pièces qu'il joue, mais il ressort
naturellement de lui-même ; ce n'est pas un
acteur, ni un personnage, c'est Odry, voilà tout ;
c'est assez. Il entre, on rit ; il ouvre la bouche,
on rit ; il fait quelques pas, avec un air étonné, on
rit plus fort. Il croasse de sa voix enrouée un
calembour stupide ; il chante, comme une cré-

Phot. Nadar.

Alb. Brasseur, rôle de Prosper
dans *La Vie Parisienne*.

celle ou comme un verre à patte, deux ou trois lignes de cette prose patoisée
qu'on nomme des couplets ; tout le monde se tient les côtes de rire et se tord sur
les banquettes, en proie à des spasmes d'hilarité convulsive. Odry rit lui-même
et partage l'hilarité qu'il excite... »

Après avoir, pendant de longues années, secoué de rire des salles entières,
Odry s'était retiré de la scène ; et à l'encontre de certains qui, ayant annoncé
qu'ils quittent définitivement le théâtre, profitent de toutes les occasions
pour y rentrer, il ne reparut plus jamais aux Variétés. Il avait acquis la maison-
nette du sage et y vivait tranquillement, s'adonnant quelquefois à la pêche à la

ligne, plaisir favori des philosophes et des gens revenus des plaisirs de ce monde. Ceci ne l'empêchait pas de venir, de temps en temps, serrer les mains de ses camarades et respirer l'air des coulisses, cet air spécial qui a pour le comédien le même charme que l'odeur âcre des imprimeries pour l'homme de lettres.

Alb. Brasseur, rôle du Major, dans *La Vie Parisienne*.

Un jour, on lui annonce qu'aux Variétés un de ses camarades allait donner un bénéfice. Le « clou » de la représentation consistait en des tableaux vivants. Le bénéficiaire, rencontrant Odry, lui dit :

— J'ai bien trouvé cinq tableaux ; mais je cherche encore le dernier, celui qui doit être le plus étonnant.

— Ne t'inquiète pas de cela, répond Odry, en se frappant le front. J'ai une idée... tu l'auras, ton tableau, je m'en charge.

— Vrai ?

— Tu peux compter sur moi.

Confiant en la parole d'Odry, le bénéficiaire monte les cinq premiers tableaux ; mais comme le jour de la représentation approchait, il finit par s'inquiéter.

— Eh bien ? et ton projet ?

— Je veux que personne ne le connaisse... Ne t'impatiente pas... Le jour du bénéfice, tout ira bien...

Ce jour arrive. On va lever la toile sur les tableaux vivants. Et non seulement Odry n'a pas indiqué le tableau qu'il fallait faire, mais il n'est même pas encore venu au théâtre. On attend ; pas d'Odry. Dans la salle, le public s'impatiente ; les cannes et les bottines frappent le plancher à coups redoublés. Il

UNE SCÈNE DE « MIMI »

est impossible d'attendre plus longtemps : — « Au rideau ! » crie le régisseur. Et tout le monde de penser qu'Odry a voulu faire une dernière farce, pas très drôle, celle-là.

Les tableaux vivants commencent de tourner ; les spectateurs regardent, amusés ; au cinquième tableau, les applaudissements retentissent ; et le bénéficiaire songe que ce serait un gros succès si Odry avait tenu parole. Mais quand il croit que le rideau va tomber, il est tout surpris de voir la tournette continuer son mouvement de rotation ; puis d'entendre dans la salle des cris, des acclamations, des bravos sans fin. Que se passe-t-il ?

C'est Odry qui, grâce à la complicité de deux machinistes mis dans le secret, a sauté au dernier moment sur la tournette. Assis sur une chaise, tenant à la main la canne du rentier, il apparaît devant les spectateurs.

Ceux-ci éprouvent d'abord une légère surprise. Quel est ce vieillard qui, avec ses longs cheveux blancs flottants sur les épaules, avec son visage ridé, ses petits gestes menus, semble personnifier la caricature du Temps ? On reste perplexe un instant, mais Odry fait une grimace. Et tous ceux qui sont là reconnaissent celui qu'ils n'ont pas revu depuis si longtemps, le bouffon qui les a si longtemps divertis. Et les cris de joie, les acclamations redoublent.

Odry avait bien trouvé le sixième tableau.

VI

Les Revues

Dans les revues, Brasseur a fait d'inoubliables créations. Nul n'excelle comme lui à dessiner une silhouette, à fixer un type. Il a le sens de l'énormité dans le grotesque, de l'outrance folle dans la caricature. On peut ne pas aimer ce genre ; mais ce genre existe ; et il faut reconnaître que, dans cet emploi spécial des grotesques, Brasseur, par des recherches plus laborieuses qu'on ne le croit généralement, par des trouvailles dans le détail, est certainement le premier artiste parisien.

La revue dans laquelle il débuta était signée de MM. Albert Wolff, Blum et Toché. Elle était intitulée *Les Nouveautés de Paris* ; elle fut représentée aux Nouveautés.

Au premier acte, Brasseur était en cercleux, au deuxième, il apparaissait en Cadet Rousselle, dans le fameux tableau du Caveau où défilaient toutes les chansons populaires et les vieilles chansons de Désaugiers, Béranger, Nadaud, etc. Au troisième acte, il personnifiait Mlle Grille d'Égout, Grande Prêtresse du Chahut, personne d'appa-

Phot. Nadar.
Rôle de Célestin, dans *Madame Satan.*

rence fine et frêle qui, avec sa bouche toujours ouverte sur de trop larges dents, justifiait son surnom, ce qui ne l'empêchait pas, avec ses yeux éveillés et sa mine chiffonnée, d'être très spirituelle, au contraire

de ses pareilles, pour lesquelles un chat est souvent davantage qu'un chat.
Personnifiant Grille, à qui Brasseur pouvait-il s'adresser pour avoir des

Rôle d'Arthur, dans *Le Droit d'Aînesse*.

leçons, sinon à la danseuse elle-même? Il la fit venir et lui demanda d'être
son professeur. Mlle D'Égout consentit volontiers. Toujours en robe noire haut
montante, elle indiqua à Brasseur la façon de « porter arme » avec son pied,

d'envoyer rouler avec la pointe de la bottine, à dix pas en arrière, le chapeau du monsieur qui fait galerie, ceci sans préjudice de l'aile de pigeon et du grand écart. L'élève répétait avec assiduité les leçons du professeur ; mais tous les jours, quand on arrivait au moment du grand écart, il saluait respectueusement son professeur et lui disait : « Je vous remercie beaucoup... En voilà assez pour aujourd'hui. » Et la danseuse s'en allait, rêveuse, pas très satisfaite ; car si l'on se lance dans le « chahut », il faut terminer la danse par un grand écart qui aplatisse les populations ; et ce grand écart destiné à enlever la victoire, Brasseur ne semblait pas désireux de le faire.

Mais nous voici au soir de la répétition générale. Brasseur esquisse les fameux pas de son professeur. Il se démène, se tortille, croise les jambes en X, s'envole dans des ailes de pigeons ; à l'orchestre, les pistons ronflent, les violons grincent, la grosse caisse tonne, les cuivres mugissent. C'est le final du quadrille ! Et soudain, l'on voit Brasseur sauter en l'air, puis retomber sur les planches du théâtre, une jambe devant, l'autre derrière, dans un grand écart magistral. Les spectatrices poussent des cris. L'artiste est tombé de si haut que, dans la salle, on a peur. Pourvu qu'il ne se soit pas blessé ! Les auteurs eux-mêmes ont le trac, car jamais Brasseur n'a fait le grand écart aux autres répétitions. Ils arrivent dans les coulisses, inquiets.

Mais déjà l'artiste s'est relevé, souriant, saluant gravement le public. Sous sa robe de danseur, il avait caché une fausse jambe ; quand il est retombé, il a allongé une jambe, une de ses vraies, puis il a poussé en avant la fausse. Et maintenant, il sort de scène, portant cette dernière jambe au côté, telle une épée ! Et Blum et Toché et Wolff de le féliciter et de rire.

Ce dernier, cependant, aux répétitions, ne riait pas toujours. De temps en temps, pendant qu'il était là, on entendait de l'orchestre s'élever une voix aigrelette qui glapissait : « Ça n'est pas ça du tout... c'est très mauvais. » La voix continuait de maugréer, jusqu'au moment où elle lançait, furieuse : « Ah ! puis, tenez, j'aime mieux m'en aller. » Et l'on voyait Wolff prendre sa canne, son chapeau, et disparaître. Ces accès de colère du chroniqueur ne donnaient d'ailleurs aucune émotion aux artistes. Ils savaient que ce n'était là pour Wolff qu'un prétexte qui lui permettait d'aller au cercle perdre de l'argent. Quand il revenait, la crise calmée, il réapparaissait très aimable et gai. Il y a, paraît-il, des fois où le jeu calme les nerfs.

Dans la seconde revue, *Paris-Boulevard*, de MM. Monréal et Blondeau, Brasseur avait quatre transformations. C'est dans cette pièce qu'il composa un type de camelot légendaire. lequel chantait, sur l'air d'*A. E. I. O. U.*, des couplets sur les députés, couplets devenus célèbres.

A la Chambre, ces gens-là
    E. I. A.
Pass'nt le temps à se traiter
    A. I. E.
De vendus et d'abrutis ;
    A. E. I.
Mais au point d'vue des travaux
    E. I. O.
Y en a pas beaucoup d'fourbus,
    A. E. I. O. U.

Phot. Nadar.

Rôle d'Arsène, dans *Le Carnet du Diable*.

Ces couplets provoquèrent un jour, dans la salle, une scène que les auteurs n'avaient pas prévue. Un spectateur, froissé dans ses convictions politiques, cria à Brasseur de se taire ; un autre riposta : « Continuez ! » Injures, coups de canne, bagarre ; bref, la scène se termina chez le commissaire de police. Heureux temps où les députés trouvaient des défenseurs à ce point convaincus !

Pour tenir l'emploi de Brasseur, j'ai déjà indiqué le nombre de qualités nécessaires. Il en faut encore une que je n'ai pas signalée, c'est de savoir faire de la gymnastique. Dans *Paris-Attractions*, l'artiste jouait une pantomime anglaise, l'attaque de la diligence du Courrier de Lyon par les sauvages du colonel Cody. Afin d'échapper aux brigands qui le poursuivaient, il devait, sur la barre d'appui d'une fenêtre, faire un rétablissement et ensuite exécuter un saut périlleux en avant.

Il exécuta ces tours avec tant de maestria que le président d'une société de gymnasiarques, enthousiasmé, lui envoya une médaille d'honneur. Le talent est, comme la vertu, toujours récompensé.

C'est dans une revue, de M. Monréal et Blondeau, *Paris Port de Mer*, que Brasseur débuta aux Variétés. On le voyait d'abord en bicycliste, ayant à l'arrière de sa machine un petit ours dans un panier. Suivant la tradition et la blague sempiternelle, il portait l'ours à l'Odéon.

Le commissionnaire, Auvergnat fidèle,
Pour deux ou trois sous, pour un' bagatelle,
Porte des paquets à n'importe qui...
Moi, j' fais tout à fait la même chos' que lui.

Ce numéro était amusant. Toutefois auteurs et directeur voulaient que Brasseur créât au second acte, une scène plus importante, ce qu'on appelle, en langage théâtral, « un clou ». Monréal et Blondeau avaient eu l'intention de faire la parodie d'un conférencier; mais la scène n'était pas venue comme ils le désiraient et ils cherchaient autre chose, quand, huit jours avant la première, l'édilité parisienne, mettant à exécution une de ces idées géniales qui suffisent à illustrer tout un Conseil municipal, fit élever sur le terre-plein de la place de l'Opéra un chalet de nécessité. Aussitôt, dans les journaux et les cafés du boulevard, ce fut un si bruyant éclat de rire que le malheureux édicule disparut peu après, comme culbuté par un vent de tempête. Néanmoins, les auteurs s'emparèrent de l'incident et ils arrivèrent un jour avec un couplet de huit vers et cinq ou six lignes de prose relatant l'aventure.

Phot. Nadar.
Rôle de Jocrisse
dans *Le Panorama de Momus.*

Ce béquet était destiné à l'une de ces vagues artistes que l'on voit défiler dans les revues, au moment de la promenade traditionnelle. Comme Monréal et Blondeau se demandaient à quelle femme ils donneraient le couplet : « Ne cherchez pas, dit Brasseur, c'est moi qui le chanterai. »

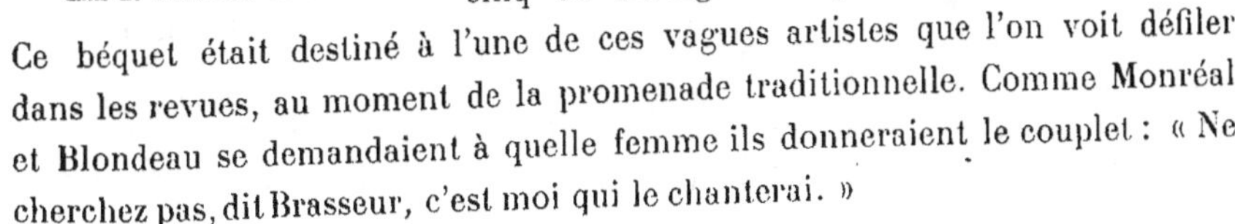

Tout d'abord auteurs et directeur résistèrent; mais l'artiste s'entêta, et quand,
le soir de la première, il apparùt en « Préposée aux W. C. », avec sa trogne enlu-
minée, son chapeau à brides, sa jupe de soie fanée, ses mains gantées de
mitaines, son cabas qui semblait échappé du répertoire d'Henri Monnier, la

Phot. Boyer.

M. Lauret.   Mlle Sorel.   M. Germain.   Mlle Milly-Meyer.   M. Alb. Brasseur.

Répétition en costumes de Sansonnet.

salle fut mise dans une telle joie qu'elle réclama trois fois de suite l'audition
du couplet. Cependant l'incident le plus comique que ce rôle devait amener
ne se passa pas aux Variétés.

On avait demandé à Brasseur de prêter son concours à un bénéfice donné
à l'Ambigu. Le jour du bénéfice, le comédien était dans une loge avec Coquelin

aîné. Ce dernier regardait son camarade s'habiller, se grimer, et il s'amusait tellement à voir cette transformation que tous deux, en causant, oublièrent l'heure. Soudain, le régisseur frappe à la porte de la loge : « Monsieur Brasseur, c'est à vous. » Celui-ci donne un dernier coup de crayon à ses sourcils, arrange son chapeau, saisit son cabas, descend au petit galop de chasse les escaliers, arrive en scène et saute sur le chariot où se trouvait le fameux petit chalet.

— Allez, crie-t-il aux hommes chargés de tirer le chariot.

Mais il s'était trop pressé ; sur la scène Léonide Leblanc déclamait encore une pièce de circonstance, dans laquelle elle célébrait les mérites du bénéficiaire. Elle était arrivée à la fin de la pièce ; elle s'écrie ou à peu près : « Et pourquoi ne pas élever à cet homme un monument? »

A cet instant, on voit entrer le chalet de Brasseur sur lequel était inscrit, en grosses lettres, W. C.

Il faudrait être poète épique pour dépeindre le fou rire qui secoua toute la salle et la tordit frénétiquement, tandis que Léonide Leblanc rentrait dans les coulisses, furieuse comme une reine de tragédie que son royal époux viendrait de souffleter.

Brasseur paraît encore dans *Premiers-Paris*, de MM. Millaud et Clairville, où il joue, sans doute pour se ménager déjà les bonnes grâces de M. Henri Lavedan, une parodie du *Nouveau Jeu*, puis dans *Une Semaine à Paris* et *Paris qui marche*, de MM. Monréal et Blondeau.

Dans cette dernière revue, il interprète un caporal d'infanterie, la Voyante, dont il copie exactement le costume d'après une photographie, et une des Poupées de ce délicieux Chritsmas qui fut une des plus jolies inventions de théâtre.

Toujours dans la même pièce, M. Albert Brasseur faisait une parodie d'une pièce jouée à la Renaissance, pièce adaptée de l'anglais, intitulée : *Service secret*.

Il personnifiait un général américain, dont on raillait le manque de perspicacité.

Pour indiquer sans doute le plus ou moins de flair du personnage, l'artiste s'était fait un nez énorme en carton, qui s'éclairait, selon que les idées étaient lumineuses ou non.

Ce nez magique, pareil à une petite lanterne de bicycliste, obtint un vif succès.

Il s'éclairait grâce à une lampe minuscule fixée dans le bout du cartonnage, lampe qui communiquait avec une pile placée dans une des poches du vêtement. Selon que l'artiste mettait ou non la pile en communication avec le fil qui la reliait à la lampe, le nez magique rutilait ou s'éteignait.

Or, voici qu'un soir Brasseur était en scène, quand il sent tout à coup une forte odeur de roussi. D'abord, il n'y prête pas attention, puis, l'odeur devenant de plus en plus forte, il regarde de tous côtés, jette un coup d'œil vers les coulisses; il ne voit aucune flamme; il constate que ses camarades n'ont aucune appréhension. Et cependant, l'odeur de fumée devient de plus en plus forte.

Il interroge un de ses camarades :

— Tu ne sens pas?

— Quoi?

— Il y a le feu.

— Pas du tout, je ne sens rien.

— Ça sent le roussi.

— Mais non.

— Mais si.

Brasseur, devant cette affirmation catégorique, restait perplexe, quand tout à coup le camarade, en se tordant, lui dit :

— C'est ton nez qui brûle.

Au contact de la lampe, le cartonnage avait pris feu. Encore quelques instants, et le nez du général flambait comme un brûlot!

Brasseur n'eut que le temps d'aller dans la coulisse et d'enlever le fâcheux nez.

Cet incident mit longtemps en gaieté les pompiers de service.

C'est dans la précédente revue, *Une Semaine à Paris*, que, déguisé en ouvreuse, de l'Opéra-Comique, il chanta les fameux couplets destinés à ajouter encore à la gloire de M. Mesureur. Voici les deux premiers :

Quand on a su q' cet homm' que je respecte
Se chicanait avec un architecte :
« Faut aller voir que l'on s'est dit comm' ça! »
Et dans l'chantier, c'est moi qu'on délégua...
Gua... gua... gua...

Afin d'savoir si l'Opéra-Comique
Aura plus tard une bonne acoustique,
Faut qu'nous ayons toujours un diapason
Pour essayer les pierres que nous posons
Sons... sons... sons...

Tous les couplets se terminent en scie par la répétition de la dernière syllabe; mais le gros effet de la chanson fut la réponse de M. Mesureur. A ce moment, le couvreur, armé d'un grand soufflet, chantait le couplet ci-dessous :

M'sieu Mesureur, vous êtes homm' politi-
[que.
Moi, j'suis l'couvreur de l'Opéra-Comique.
— Que les travaux n'avanc' pas entre
[nous,
Moi, qui m'a dit, mon garçon, j'm'en...

Et ici, le soufflet, en soufflant, indiquait expressivement ce que M. Mesureur avait pu répondre.

Loin de se fâcher, M. Mesureur, alors ministre, qui assistait à la première représentation, donna le signal des applaudissements et il s'en fut ensuite féliciter le couvreur sur le théâtre. Ainsi cet homme politique témoignait spirituellement qu'il savait mettre en pratique le verbe qu'il a illustré.

Rôle de Paul Gostard
dans *Le Nouveau Jeu.*

Dans cette même revue, Brasseur composa ce type extraordinaire de som-

LE NOUVEAU JEU

nambule qu'il est impossible d'oublier quand on l'a vu. A ce sujet, M. Jean Lorrain écrivait :

J'm'appelle
Adèle,
J'suis somnambule par vocation,
Lucide,
J'réside,
30, rue Montholon,
Au cintième, la porte au fond.

. « Sur la scène, c'est la désopilante silhouette du fils Brasseur, en somnambule; cette étonnante face ahurie de vieille ivrognesse, myope et brèche-dent en perruque filasse, les fourrures, de vieux bijoux de la plus invraisemblable Watehouse. Oh! le nœud de satin bouffant, énorme et comiquement remonté dans le milieu du dos, le renflement de la croupe esquintée et, sous le bras de la vieille marchande de boniments, les frétillements désespérés du toutou qu'elle étouffe... Ce sont les modes de 1855 dans toute leur horreur. »

Ce vêtement, si comiquement étonnant avec son manteau de velours, sa ceinture verte fanée, M. Brasseur l'avait acheté à une marchande à la toilette; il datait réellement du second Empire. Quant au petit chien si miteux, si lamentable, au dos dégarni de poils, qui complétait si bien le travestissement, c'était en passant dans la rue que l'artiste l'avait aperçu. La bête était enfermée dans une cage, avec un singe, à la devanture d'un marchand d'oiseaux. Pris du désir d'être agréable à son compagnon, mais le rendant par cela même très malheureux, le singe passait tout son temps à chercher les puces du toutou. Celui-ci ne pouvait se défendre, et voilà pourquoi nous le vîmes si triste avec son dos pelé.

Rassurons les âmes sensibles. La revue terminée, le chien fut soigné, cajolé, bichonné; on a pu le voir à l'Exposition dernière, où il remporta une médaille d'or ; et maintenant, il gambade, superbe, dans la propriété de Maisons-Laffitte, où, pendant les après-midi de liberté, son maître, après tout ce que nous venons de dire, jouit d'un repos qu'il n'a certes pas volé.

Toutefois, Brasseur est trop actif pour, même à la campagne, se reposer longtemps.

S'il ne développe pas ses clichés photographiques. il ira à bicyclette; ou bien, non content d'entendre de la musique au théâtre, il en entendra encore chez lui.

Mais ne croyez pas qu'il fera vibrer sous ses doigts les touches d'un piano ou qu'il jouera du cor de chasse. Il se contente de boîtes à musique, de pendules (oui, de pendules) à musique, d'orchestrions, voire de phonographes,

Phot. Nadar.

Rôle de Grille d'Égout, dans Les Nouveautés de Paris.

instruments amusants pour lesquels nous avouons avoir aussi une certaine prédilection.

Enfin Brasseur se délassera en composant d'humoristiques récits pour les enfants, tels que *Jean-Jean*, un livre illustré par Job, dans lequel il conte l'histoire d'un petit soldat du premier Empire. Il a écrit aussi des contes, des nouvelles que vous trouverez dans « Mon Journal », la publication pour enfants que publie la maison Hachette.

Mais ces repos, il ne les a pas souvent.

Car, il n'est pas seulement que les représentations du soir, il y a aussi, dans l'après-midi, les répétitions de la pièce qui succédera à celle qui tient l'affiche.

Et aux Variétés, les répétitions durent longtemps; on commence quelquefois à 1 heure pour finir à 6 heures; les soirs de relâche pour dernières répétitions générales, il arrive que l'on va jusqu'à 3, 4 heures du matin. M. Samuel nous contait que, lorsqu'il installa le fameux tableau des *Arènes* dans *Une semaine à Paris*, une nuit, la répétition s'était terminée si tard que les machinistes, logés pour la plupart dans les quartiers excentriques, lui avaient demandé la permission de ne pas quitter le théâtre. Ils s'étaient couchés sur la scène, où ils avaient dormi, jusqu'au moment où l'aube se leva, les invitant au réveil et à la mort du « Ver » chez le marchand de vins.

Qualité qu'on ne rencontre pas toujours chez les artistes, ni même chez les gens du monde : Albert Brasseur est très exact aux répétitions.

De combien d'acteurs en pourrait-on dire autant ?

Nous en avons connu et nous en connaissons qui jamais n'ont pu arriver à l'heure indiquée. Probablement, ils se conformaient à un vœu fait dans leur enfance. Mais il en est peu, croyons-nous, qui, comme inexactitude, pourraient

Rôle du marchand de journaux, dans *Paris-Boulevard*.

rivaliser avec Frédérick Lemaître; écoutez l'aventure suivante :

Celui-ci était engagé aux Variétés. Il devait créer une pièce nouvelle.

Le jour de la répétition générale arrive. A cette époque, ces répétitions n'étaient pas comme maintenant de véritables premières : seuls, les auteurs, le directeur et quelques amis de la maison y assistaient.

On frappe les trois coups, le rideau se lève; mais soudain, on voit entrer en scène le régisseur qui agite des bras désespérés.

— Qu'est-ce qu'il y a? demande le directeur.

— M. Frédérick Lemaître n'est pas encore arrivé.

— Ah!

Auteurs et directeur se regardent, déconfits.

Puis ils se mettent à maugréer. Vraiment! ce Frédérick en prenait trop à son aise! Jamais il ne pouvait arriver quand il le fallait. A cause de lui, on perdait du temps, effroyablement. Un des auteurs tire sa montre :

— 9 heures et demie.

— Et l'on devait commencer à 9 heures !

Alors le chœur des conjurés s'indigne tout à fait. La conduite de Frédérick en cette circonstance est inqualifiable. A cause de lui, tous les artistes s'impatienteront, ils auront la fièvre, ils seront nerveux; rien ne marchera. Un des auteurs dit au directeur :

— Il faut que, à son arrivée, vous préveniez Frédérick... Nous ne pouvons pas continuer dans ces conditions-là.

— Parfaitement; je m'en charge...

— Soyez sévère, énergique.

— Ne craignez rien; ça me connaît; je vais lui laver la tête. Ils croient tous, quand ils ont du talent, qu'il leur est permis de faire ce qu'ils veulent. Mais, avec moi, ça ne se passera pas comme ça...

Et le directeur d'affirmer son énergie par un solide coup de poing appliqué sur le dossier d'un fauteuil.

Cependant, l'heure coule. Quelqu'un consulte sa montre : 10 heures ! puis 10 heures et quart, 10 heures et demie...

L'exaspération est à son comble chez le directeur et chez les auteurs. Une heure et demie de retard ! Une chose pareille ne s'est jamais vue. On commence à admettre l'hypothèse d'une maladie soudaine ou d'un accident. Déjà l'on délibère sur la conduite à tenir dans un pareil cas, lorsque le régisseur rentre en courant :

— Eh bien ? demande le directeur.

— M. Frédérick arrive... Je m'étais posté dans le passage pour le voir venir... Dans une minute, il sera ici.

Des sourires de satisfaction errent sur les lèvres des auteurs et du directeur. Celui-ci déclare à voix basse qu'il est préférable de ne rien dire d'abord au grand comédien.

— On perdra du temps... Nous ne sommes pas déjà si en avance... Mais comptez sur moi ; après la répétition, je lui dirai ce que je pense.

Les auteurs acceptent. On voit alors Frédérick qui, lentement, gravement, entre en scène avec un petit paquet à la main.

Pour gagner sa loge, il devait traverser tout le théâtre.

Il le traverse, comme s'il était dans son appartement, une main dans une poche, l'autre tenant le petit paquet. Il ne regarde même pas les personnes assises dans la salle et va, serein et superbe.

Les auteurs se penchent vers le directeur et lui disent que tout de même, pendant que l'artiste s'habillera, on pourrait lui faire quelques remontrances. Frédérick ne semble pas, en effet, se douter de son retard ; combien de temps va-t-il mettre à changer d'effets ?

« Non, non, fait le directeur, laissons-le tranquille ; sans quoi, il va peut-être se mettre en colère. Ce

Rôle de Cadet Rousselle dans *Les Nouveautés de Paris*.

sera un nouveau retard. » Les auteurs cèdent encore une fois ; et tout le monde attend le bon vouloir de l'artiste.

Un quart d'heure passe. Et au bout de ce laps de temps que voit-on ? Frédérick Lemaître qui rentre en scène, toujours vêtu de son costume de ville, avec, toujours à la main, son petit paquet.

Ahurissement général. Cette fois, le directeur se lève :

— Eh bien, Frédérick, qu'y a-t-il ?

L'artiste s'arrête, regarde le public, et très calme, montrant le fameux petit paquet :

— J'étais venu changer de chemise.

Et il continue son chemin, avec l'air du bon bourgeois qui, ayant accompli un acte domestique nécessaire, s'en va la conscience tranquille.

Quand, revenus de leur ahurissement, auteurs et directeur se mirent à la poursuite de l'artiste, celui-ci était déjà loin ; et il fut impossible de le rattraper.

Il reparut seulement le lendemain.

Il n'était en retard que de vingt-quatre heures.

VII

Les Tournées

Quand le théâtre des Variétés est fermé, ne croyez pas que Brasseur prend des vacances.

Il part à travers la province, continuant cette légendaire tournée Brasseur qui est actuellement la plus ancienne.

Ravel, Levassor, Déjazet avaient, eux aussi, fait des tournées. Ainsi que Levassor, Brasseur père en organisa, dans lesquelles il jouait des actes entiers tout seul.

Le luxe des tournées d'alors — nous parlons d'il y a soixante ans au moins — était bien sommaire. Presque tout le trajet se faisait en diligence. Il fallait, si les côtes étaient trop rudes à monter, descendre de la guimbarde et gravir le chemin à pied. Parfois les chevaux se déferraient, les harnais cassaient, une roue se brisait. On faisait halte en pleine campagne; on allait chercher des renforts et du secours; et l'on finissait par repartir cahin-caha.

C'était le *Roman comique* dans toute sa beauté et les émules du capitaine Fracasse n'étaient pas disparus.

Si l'on partait en troupe nombreuse, le voyage devenait difficile. Aussi, afin de n'avoir pas de compagnons qui l'eussent gêné, Brasseur père avait simplifié la question. Il s'en allait seulement avec un autre artiste et un accompagnateur. Son spectacle se composait de chansonnettes et de piécettes à transformations en un acte qu'il jouait lui-même.

Mais les chemins de fer furent établis. La difficulté d'aller en troupe disparut; et Brasseur organisa des tournées dans lesquelles il représenta les principales pièces créées par lui à Paris; *La Cagnotte, Tricoche et Cacolet, La Mariée du Mardi Gras*, etc., que son fils joua après lui.

A sa mort, ses fils prirent sa succession. Albert s'occupa de la partie scénique, Jules de l'administration. Et qu'on ne s'imagine pas que, dans une telle affaire, l'administration soit de peu d'importance. Dans le

Phot. Camus.

Rôle de la gardienne du chalet, dans *Paris-Boulevard*.

temps, ces tournées comprenaient quarante à cinquante villes; à présent, en cent jours, les Brasseur « font » cent villes. Pour préparer une pareille tour- née, afin de s'entendre avec les directeurs sur l'époque à laquelle les théâtres

seront libres, on voit quelle correspondance **M.** Jules Brasseur doit entretenir.
Reste la question des programmes, des affiches et, quand on joue, celle du contrôle.

Phot. Camus.

Rôle du facteur, dans *Paris Port de Mer.*

Cette question du contrôle n'est pas la moins sérieuse. Que de soin et de
vigilance il faut y apporter !

Nous nous souvenons que dans une petite ville peu éloignée de Paris, il se passa, pendant un certain temps, la délicieuse plaisanterie suivante :

Un directeur de tournée arrivait pour donner une représentation. Quand le rideau allait se lever, si le directeur faisait venir son contrôleur pour savoir le chiffre de la recette, celui-ci lui répondait qu'il n'avait encaissé qu'une somme dérisoire.

—Comment ! s'écriait le directeur ahuri, mais venez voir ce que nous avons de spectateurs !

Et il entraînait son employé, le forçait à regarder par le trou pratiqué au milieu du rideau :

— Constatez-le vous-même ; la salle est pleine.

Le contrôleur regardait :

— Vous avez raison.

Et en effet, orchestre, loges, galeries supérieures étaient bondés de gens désireux de voir et d'applaudir les artistes.

— Je sais bien, reprenait le directeur, qu'il y a ici beaucoup de servitudes, un certain nombre de billets de faveur qu'il faut distribuer et qui nous enlèvent une partie de la recette. Cependant, vous m'avouerez qu'avec tout ce monde qui est là, nous devrions avoir en caisse le double, sinon le triple de ce que vous m'accusez.

Le contrôleur ne pouvait que répondre :

— Parfaitement.

— Alors vous avez laissé passer des gens qui n'ont pas payé.

— Pas du tout... pas du tout...

— Jugez vous-même.

Le contrôleur regardait encore la salle et finissait par dire :

Phot. Nadar.

Rôle du prince d'Aurec, dans *Premier Paris*.

Albert Brasseur dans les transformations du rôle de Tricoche.

— Il n'est jamais venu tant de monde que cela au contrôle.

Le directeur levait les épaules. Mais à partir de ce moment, il n'avait plus confiance dans son employé.

Quant à celui-ci, il finissait par se demander si sa surveillance n'avait pas été en défaut.

Directeur et contrôleur n'ignoraient qu'une chose : le concierge du théâtre possédait une cave dans laquelle il avait fait percer un trou; par ce trou, on communiquait directement avec les dessous de la salle de spectacle; on montait un escalier, on arrivait à la petite porte par laquelle pénètrent les musiciens; et l'on se trouvait alors dans la salle.

Quand l'ingénieux concierge avait fait pénétrer ainsi gratuitement ses amis, — et les concierges en ont toujours beaucoup, — ainsi que les parents de ses amis, il consentait à introduire encore, moyennant une redevance minime, les inconnus épris de l'art théâtral.

Les initiés étant intéressés à garder le secret, le truc imaginé par le concierge réussit pendant des années. Mais le succès n'est pas éternel. Un jour quelqu'un vendit la mèche; et le Conseil municipal cassa aux gages l'indélicat pipelet, qui put néanmoins se retirer dans une bicoque à la campagne, grâce aux bénéfices réalisés par son invention. S'il ne fut pas regretté des directeurs de tournées, il fut cependant accompagné de la compassion attristée de ceux qui venaient au théâtre gratuitement ou presque sans bourse délier, personnages qui, dans la vie ordinaire, n'eussent sans doute pas fait tort d'un centime à leurs fournisseurs, mais qui trouvaient naturel d'assister au spectacle sans passer devant le contrôle, s'imaginant sans doute que les artistes n'ont besoin pour se nourrir que d'eau claire, d'amour et de gloire, — trois choses délicieuses auxquelles n'entendent rien malheureusement les propriétaires qui réclament leurs loyers.

Les personnes qui désirent entrer gratuitement dans une salle de théâtre sont légion et le rôle d'un contrôleur pour se défendre contre l'invasion de ces « gratuits » n'est pas une sinécure.

Parmi ces personnages, il en est d'ailleurs qui ont un aplomb merveilleux. Nous pourrions à ce sujet citer une foule d'anecdotes. En voici une qui nous est personnelle :

Un soir, nous nous présentons au contrôle d'un music-hall où nous savions avoir nos entrées et où nous n'étions pas allés depuis plus d'un an.

Nous déclinons notre nom et nos qualités, puis, sans nous arrêter plus longtemps, nous nous disposons à passer, quand le contrôleur nous interpelle un peu vivement :

A Maisons-Laffitte.

— Pardon, Monsieur.

— Quoi?

— Vous dites que vous êtes M. Auguste Germain?

— C'est le nom que mes ancêtres m'ont légué... A moins qu'on ne m'ait changé en nourrice...

La plaisanterie n'était pas très neuve, mais en de telles occasions!

Le contrôleur nous regarde d'un œil sévère, — terme consacré dans les romans-feuilletons; nous devons ajouter que ce contrôleur n'était pas borgne, et il nous regarda deux fois sévèrement; car il avait deux yeux qui voyaient clair.

Néanmoins, il fut bon homme :

— Monsieur, je pourrais vous faire arrêter.

En de telles occasions, tout dépend du caractère dont la nature nous a gratifiés. Certains s'indignent, d'autres restent estomaqués. Louons le Créateur qui nous a dotés d'un caractère peu porté à l'étonnement.

Nous regardâmes le brave employé :

— Combien de dommages-intérêts pourrez-vous m'offrir pour une arrestation arbitraire?

Rien n'agace les gens qui parlent sérieusement comme d'entendre quelqu'un qui leur répond par une plaisanterie.

Le contrôleur devient rouge, à l'égal de notre premier pantalon d'uniforme, le n° 1, quand nous servions dans les rangs de notre brave armée française :

— Vous persistez à soutenir que vous êtes M. Germain ?

Un soupir :

— Hélas ! oui.

Notre ennemi avait jusqu'ici parlé à notre personne, assis sur sa chaise. Il se leva ; il nous lança un regard terrible, et avec un ricanement :

— Nous le connaissons, M. Germain, nous le connaissons (il consulta l'assesseur de droite), tous les soirs il vient ici (l'assesseur opina du bonnet, encore qu'il n'en portât pas). Et il est blond, M. Germain ; il n'a pas de moustaches !

Que répondre à un homme qui nous disait que nous étions blond, nous qui sommes brun, et qui nous affirmait que nous n'avions pas de moustaches, à nous qui, ainsi que la plupart de nos concitoyens, en possédons ?

Si nous ne détestons pas les plaisanteries, par contre nous n'aimons guère celles qui durent un peu trop longtemps.

Albert Brasseur et Jules Brasseur.

Nous répondîmes, légèrement nerveux :

— Vous finissez par m'agacer... Il y a peut-être ici quelqu'un qui se présente tous les soirs sous mon nom. Tirons la chose au clair, après le spectacle ; mais en attendant, laissez-moi passer.

Et nous nous dirigeâmes vers l'entrée de la salle.

Alors la plaisanterie devint homérique ; le digne contrôleur sortit de son petit comptoir ; il se précipita vers nous ; et d'une voix qui nous rappelait celle des gardiens de la paix dans la revue :

— Vous n'entrerez pas !

Il se tourna vers l'assesseur préféré :

— Faites venir le garde de service.

Il n'y avait plus qu'à rire ; c'est ce que nous fîmes :

— Est-ce que le garde me connaît plus que vous ? Appelez le directeur ou le secrétaire du théâtre qui vous dira qui je suis.

Un peu interloqué devant notre assurance, le contrôleur se rendit à notre prière. Il fit prévenir le directeur qui, aussitôt, dès qu'il nous vit, s'excusa d'une maladresse, en somme, pas imputable au contrôleur.

Il venait, en effet, tous les soirs un monsieur blond et glabre qui avait pris notre nom et s'introduisait ainsi dans le music-hall.

Le même soir, il fut pincé et nous eûmes ainsi le plaisir de faire sa connaissance. C'était un employé d'un grand magasin de nouveautés qui aimait une danseuse de l'endroit. Sans doute, avec la complicité d'un employé subalterne, il avait su que nous ne venions guère dans l'établissement, et il avait usé de cette supercherie, afin de ne pas payer les deux francs d'entrée.

Il faut toujours pardonner aux amoureux ; c'est ce que nous fîmes.

Mais peut-être, étant tombé de nouveau amoureux d'une autre danseuse dans un autre music-hall, recommença-t-il le même manège, en se servant du nom d'un de nos confrères.

Cette aventure, que nous venons de conter, est fréquente ; et combien ont été victimes d'une supercherie analogue ! Nous pourrions, sur ce sujet, nous étendre à l'infini.

Dans ses tournées, toujours très attendues dans les villes où il vient, M. Albert Brasseur a joué une infinité de pièces, relevant toujours, naturellement, du genre gai, comique ou bouffe. C'est *Doit-on le dire ?*, *Le plus heureux des trois*, *La Consigne est de ronfler*, *La Boîte à Bibi*, en un mot tout le répertoire de Labiche et de Meilhac et Halévy. Il faut ajouter à ces pièces celles qu'il créa soit aux Nouveautés, soit aux Variétés, et qui sont signées

Alexandre Bisson, Albin Valabrègue, etc. Tous les ans, Brasseur part avec une pièce nouvelle.

Nous avons dit qu'en cent jours il joue dans cent villes différentes. Ceci représente un trajet qui varie entre quatre mille cinq cents et cinq mille lieues.

Dès que la représentation est terminée, on charge tout le matériel sur une voiture, on le porte vivement à la gare, on le fait enregistrer; puis les artistes montent en wagon et hop! en route pour une autre ville.

Et le sommeil? Et le repos? Dame! pour cela on s'arrange au petit bonheur. On dort en chemin de fer; souvent, les artistes jurent que, arrivés à l'étape, ils vont courir vivement à l'hôtel, et là, rapidement déshabillés, ils se mettront dans des lits où ils dormiront longuement, bien à l'aise. Ils viennent de jouer; la fatigue se fait sentir. Ah! s'ils avaient près d'eux un matelas et un sommier, comme ils s'allongeraient dessus avec volupté! Comme ils ronfleraient éperdûment! Aussi quand, tout à l'heure, ils seront dans la ville où ils doivent s'arrêter, quels bons sommes ils vont faire!

En attendant, ils s'installent, chacun à sa guise, et les voici qui prennent un acompte sur le sommeil.

Au bout de quelques heures, le train s'arrête. C'est la station où il faut descendre.

Comme la tournée a toujours lieu en été, juillet, août, septembre, quand les artistes sautent du train, il fait grand jour. Le ciel est clair, le soleil brille. Elles sont exquises, à cette époque de l'année, les matinées, et si fraîches aussi!

Alors, combien de fois n'arrive-t-il pas que ceux qui avaient le plus formellement juré qu'ils iraient se reposer, s'enfouir rapidement dans les lits d'hôtel, oublient tout à coup leurs serments? Si l'on se trouve en Suisse, on aperçoit des montagnes. Pourquoi ne pas tenter une petite excursion qui se terminera par un bon déjeuner dans quelque auberge située à dix-huit cents mètres d'altitude?

La proposition est acceptée; on secoue la fatigue; les yeux tout à l'heure fatigués, les yeux qui entendaient rester clos, se sont ouverts et brillent joyeusement. Ceux des artistes qui ont de la voix jettent au ciel un refrain. La gaieté est revenue. En avant pour l'excursion!

Et le repos?

Eh bien, ce sera pour demain ou pour un autre jour, quand les montagnes ne vous tenteront pas ou que le soleil aura fait place à la pluie maussade et méchante.

Et puis, pour les voyages, ce ne sont pas seulement les chemins de fer qui

M. Brasseur père, dans *Le Vieux Buveur*.

ont été une invention utile. N'y a-t-il pas d'autres agréments? Si l'on n'est pas dans les montagnes, si l'on se trouve dans un pays plat, avec de belles routes qui se déroulent comme de longs rubans blancs, n'y a-t-il pas le « cheval de fer », la Reine Bicyclette, qui nous invite aux ballades dans la campagne? Et Albert et Jules Brasseur sont d'intrépides recordmen. Ils « bouffent » des kilomètres avec une assurance et un estomac que leur envieraient bien des coureurs.

Reste enfin un autre agrément. Ils font de la photographie comme le professeur Stebbing lui-même. Et, de leurs voyages, ils ont rapporté une collection de clichés qui atteint un chiffre respectable de huit cents. Ils possèdent à ce sujet une collection unique. C'est la reproduction par la photographie de cent cinquante théâtres, photographies qu'ils ont faites eux-mêmes, et ce qui en fait l'intérêt, c'est qu'ils n'ont pas seulement pris les vues de l'extérieur des théâtres de grandes villes, mais ils ont là de pauvres petites salles curieuses et pittoresques, de ces théâtricules primitifs comme on en trouve dans les bourgades lointaines et qui témoignent de la foi naïve de ceux qui les ont construits.

Ai-je besoin d'ajouter que pour accomplir de pareilles tournées, le talent mis hors de cause, une bonne santé et beaucoup de bonne humeur sont nécessaires? C'est là qu'il ne faut pas d'artistes anémiques ou neurasthéniques.

Toutefois, comme on doit toujours compter avec la maladie, les précautions sont prises. Tous les artistes qui entourent Brasseur apprennent chacun le rôle qui précède le leur, comme importance. De cette façon, si quelqu'un est indisposé, on peut parer tout de suite à l'événement. Mais les voyages sont sans doute une cause de bonne santé, car les indispositions sont très rares.

Thalie a toujours su reconnaître les siens et avoir pour eux des préférences spéciales.

VIII

CONCLUSION

Par les exemples que nous avons donnés, on voit combien de qualités doit posséder un artiste comique destiné à s'élever au-dessus de la moyenne ordinaire.

Il ne suffit pas d'un masque qui provoquera le rire ou d'une difformité qui peut amuser d'abord, mais qui, à la longue, n'aura plus aucun succès sur le public.

Il faut aussi un organe spécial, et quand on possède cet organe, savoir s'en servir. Même pour un comique, des études de chant sont nécessaires.

Reste la question des accoutrements. Ici, c'est à l'artiste, par son observation des types qu'il coudoie quotidiennement ou qu'il rencontre par hasard, de savoir noter ce qu'il faut prendre. Tout comique doit avoir l'œil d'un caricaturiste ; car cette blouse de paysan, ce jupon féminin extravagant dont il s'affuble, cette perruque qui le fera semblable à un Auvergnat ou à un cercleux, il faut que nous puissions nous dire, en les voyant : « Tiens, j'ai aperçu ça quelque part ! »

Et ce n'est pas tout, il faut de l'agilité et de la prestesse ; nous connaissons des comiques qui, bien que d'un embonpoint supérieur à la normale, ne manquent point d'une certaine agilité ; nous parlons de celle, bien entendu, qui consiste à se mouvoir au milieu des décors et des meubles de théâtre.

Mais tout ceci ne suffit pas : reste la finesse d'esprit et l'intelligence. On peut toujours faire rire avec un tic ou une difformité physique, si celle-ci n'a rien de déplaisant ou de choquant. Autre chose est, même dans la bouffonnerie, de savoir garder la mesure et de ne pas tomber de la charge dans la simple pitrerie où rien ne révèle l'artiste. Ceux-là ne sont que de bas comiques, qui ne savent faire rire que dans les calembredaines. Il faut qu'à un moment donné, s'ils paraissent dans les comédies, ils soient susceptibles de se révéler autres qu'ils n'étaient dans la farce.

Et c'est pourquoi, dans le genre comique, M. Albert Brasseur a conquis une des places les plus importantes. S'il se manifeste dans une revue comme un bouffon éperdu, demain, dans une comédie, il se montrera artiste de tenue, charmant de finesse et d'esprit.

Mais pour arriver à ce résultat, peut-être a-t-il bien fait de prendre ses grades de bachelier et d'aspirer à Saint-Cyr. La culture des humanités exerce toujours une influence sur l'homme. L'artiste qui sait aura toujours une supériorité sur celui qui est simplement doué. Je ne dis pas que ce soit d'avoir rêvé peut-être un jour, une heure, une minute, d'arriver à éclipser César ou Napoléon, qui ait conduit Brasseur à la fortune théâtrale à laquelle il est parvenu. Néanmoins, soyez sûr que ses études, qui n'avaient rien de commun avec le théâtre cependant, ne lui ont pas été inutiles. Elles ont exercé son esprit, elles lui ont donné un sens critique développé dont il fait preuve à chaque instant dans la conversation ; elles lui ont permis de savoir analyser un rôle et au besoin de le commenter, parfois même avec une certaine verve railleuse.

Plus nous irons, plus le niveau intellectuel s'élèvera, et plus il en sera ainsi.

Phot. Nadar.

Rôle du serrurier, dans *La Boîte à Bibi*.

Nous avons à la Comédie-Française un docteur en droit, M. Le Bargy, un docteur en médecine, M. Paul Mounet, à la Renaissance, un autre docteur en médecine, M. Deval. Voici aux Variétés un bachelier, presque Saint-Cyrien.

Nous ne prétendons pas que demain les théâtres seront les succursales des Facultés, et que tous les artistes traduiront Virgile à livre ouvert.

Mais il est certain que les artistes ignorants se feront de plus en plus rares. Et comme les Ministères regorgent de bacheliers, ceux-ci auront au moins une ressource : le théâtre.

Et si les théâtres parisiens ne peuvent s'ouvrir devant eux, il leur restera les colonies, où l'on parle toujours d'envoyer des fonctionnaires et des marchands, — et jamais des artistes, ces pourvoyeurs du Rire ou de l'Idéal.

FIN

TABLE DES CHAPITRES

TABLE DES GRAVURES

1875. — Imp. de Vaugirard, G. de Malherbe, Direct., 152, rue de Vaugirard, Paris.
(Clichés de C. Ruckert et Cie.)

www.ingramcontent.com/pod-product-compliance
Lightning Source LLC
LaVergne TN
LVHW022247030726

842520LV00009B/1002